PSICOLOGÍA OSCURA & MANIPULACIÓN MENTAL

5 libros en 1 : Los rasgos de la psicología oscura | La manipulación mental | La PNL y la Persuasión | La Terapia Cognitivo Conductual (TCC) | La Inteligencia Emocional

SAMUEL GOLEMAN

Aviso de exención de responsabilidad

Tenga en cuenta que la información contenida en este libro está destinada únicamente a fines educativos y de entretenimiento. Se ha hecho todo lo posible por presentar una información exacta, actual, fiable y completa. No se establece ni se implica ninguna garantía de ningún tipo. Los lectores reconocen que el autor no se dedica a proporcionar tratamientos medicales por no ser formado en medicina.

INTRODUCCIÓN

La psique humana es fascinante. Nos permite tener conciencia de nosotros mismos y de los demás. Este aspecto hace que exista un componente oscuro. Justamente eso nos ocupa en este libro: la parte oscura de la psicología humana. La evolución racional ha hecho de nuestro cerebro una herramienta que permite usarlo, tanto en el sentido altruista como en el de mayor perversidad que podamos imaginar.

A diferencia del resto de las especies del reino animal, el homo sapiens, tiene su principal arma en su inteligencia. Para una manada de leones en la estepa africana, la cacería es un asunto de mera supervivencia, que le permite a su especie mantenerse en lo alto de la pirámide alimenticia.

En el caso del ser humano, el componente moral y ético, hace que este acto tenga unas consecuencias inimaginables, tanto religiosas, como sociales. Gran parte de las legislaciones y normas sociales que tenemos en nuestras actuales organizaciones, provienen de la parte más evolucionada del córtex cerebral; el estrato inferior, el más básico, es el del reptil, que solamente ve al otro como una presa para saciar sus necesidades.

Este libro analiza en detalle los procesos psicológicos de una porción mínima de miembros de nuestra especie que presentan un detalle perturbador: tienen poca empatía por los otros. En los últimos años la psicología ha dado grandes pasos en el estudio de los mecanismos de las mentes de seres humanos que tienen un componente de perversión superior al resto.

La llamada triada oscura de la psicología, analiza las mentes de las personas que usan su inteligencia como herramienta de poder para manipular, abusar, usar y vejar al resto de sus congéneres. Alrededor existen una gran cantidad de manipuladores, narcisistas, mentirosos y personalidades maquiavélicas y psicopáticas.

A lo largo de este libro podrás aprender a identificar cuáles son sus principales rasgos, modos de proceder, estrategias de manipulación, tanto verbales como de comportamiento, para que de ese modo puedas usar las propias herramientas mentales usadas por la personalidad manipuladora como tu propio método de defensa.

Huelga aclarar que este libro no reemplaza los conocimientos de un profesional en el área de la psicología o la psiquiatría. A través de los capítulos de Psicología oscura y manipulación, podrás saber cómo y de qué forma estás siendo víctima de manipulación por parte de las personalidades de la triada oscura, narcisistas, maquiavelistas y psicópatas. También podrás reconocer algunos de los casos más conocidos de personajes históricos como políticos y asesinos en serie, que usaron su inteligencia perversa para conseguir los fines que buscaban, impulsados por su naturaleza depredadora.

Agradecemos tu confianza al adquirir Psicología oscura y manipulación y esperamos que se convierta en un apoyo para guiarte y ayudarte a superar el trauma dejado por la relación con estas perversas mentes humanas llenas de oscuridad.

CAPÍTULO 1 : LOS RASGOS DE PSICOLOGÍA OSCURA Y DE LA MANIPULACIÓN MENTAL

1.1 ¿Qué es la manipulación mental y cómo detectarla?

Una de las maneras en que las personalidades de la triada oscura consiguen lo que quieren de otras personas, es a través de distintas técnicas de manipulación mental. Pero ¿por qué muchas personas inteligentes, caen en las trampas impuestas por este tipo de personalidades? Esto tiene qué ver con tres tipos de emociones básicas, que son las que convierten en débiles a quienes las experimentan: el miedo, la culpa y la compasión.

Principalmente es por medio del lenguaje verbal —aunque en muchas ocasiones suele también ser no verbal—, haciendo que la víctima deje al descubierto sus sentimientos más nobles para poder atacar, de la misma manera que lo hace un depredador con su presa, a la que ha acechado desde hace mucho tiempo y conoce a la perfección. Muchos de los gestos y actitudes de la víctima, han sido estudiados con detalle por el manipulador, por medio de preguntas y otras evidencias que le permiten poder saber los puntos débiles que dicha personalidad tiene respecto a otras. Desafortunadamente para el manipulador, no todas las presas son fáciles; algunas veces su intento de manipular y conseguir lo que quería no ha salido de la mejor manera.

En ocasiones el victimario se mostrará comprensivo y amable con su víctima, en un grado tal, que ésta no se dará por enterada sino hasta que sea demasiado tarde, que ha mordido el anzuelo. El ejemplo del mundo natural es esclarecedor al respecto: por lo general, el gran depredador acecha a su presa en medio de la oscuridad o en el momento en que es más vulnerable. Cuando se ha lanzado contra su presa para tomarla del cuello, es demasiado tarde y no hay mucho por hacer.

Aquí radica el valor de este libro: conociendo los mecanismos de manipulación favoritos del victimario, será posible dar una respuesta. Del mismo modo que sucede en las guerras, cuando un bando contraataca, con los elementos que conocerá en este libro, usted podrá tomar cartas en el asunto para evitar ser víctima de estos depredadores psicológicos y emocionales.

Para entrar en detalle, analizaremos cada una de ellas y veremos qué mecanismos mueven en la mente de la víctima y del victimario. Por medio de estos mecanismos, la mente de la víctima será más fácil de moldear al antojo del manipulador; entre más vulnerable esté, mucho más poder tendrá el victimario.

El miedo

Como mecanismo principal de conservación de la especie, el miedo nos hace particularmente vulnerables. Existen diferentes clases de miedos; todos ellos son una expresión de la parte menos racional de nuestro cerebro, de las capas que todavía conservan parte del legado del reptil en nuestros cuerpos de mamíferos.

El miedo más básico es al de la desaparición física o la muerte. Ante este miedo, la víctima se puede mostrar muy vulnerable. La manipulación por parte del victimario puede darse de muchas maneras: haciéndole creer que atentará de alguna manera contra su integridad física o la de cualquiera de sus miembros más cercanos del entorno íntimo; también, es posible que las amenazas no sean físicas en lo absoluto, es decir, que tengan que ver con la reputación o el buen nombre de una persona, siendo expuesto en la picota pública, algo que resulta muy común hoy en día por medio de las diferentes plataformas y aplicaciones de la Internet.

Existe también el miedo a perder el trabajo, una relación amorosa, una amistad o a cualquier otro tipo de factor que permita que se baje la guardia ante estas personalidades oscuras y manipuladoras. Al interior de muchas organizaciones de tipo religioso o pseudoespiritual, suelen darse mucho estas conductas. Ante la negativa de hacer lo que diga el líder, la víctima poco puede hacer y termina cediendo ante las solicitudes que haga el manipulador. Esto puede ir desde extorsiones, abusos sexuales, maltrato psicológico, amenazas, secuestros, etc.

Muchas veces el miedo a una consecuencia abstracta y de tipo no concreto, como un castigo divino o una maldición, lleva a las personas a cometer acciones que no harían en otro estado. Identificar el tipo de miedo y la razón que impulsa a la víctima a ceder ante la voluntad del manipulador, es un factor clave para poder empezar a ganar el control sobre este tipo de personalidades oscuras.

La culpa

Un factor no menos importante para ser víctima de una manipulación, es la culpa. Sentir que estamos obligados a satisfacer a otras personas para sentirnos bien con nosotros mismos, es algo que las personalidades manipuladoras y de la triada oscura aprovechan muy bien. Algunas personas que se consideran esencialmente buenas, sienten que tienen la obligación de hacer algo por los demás. El altruismo, la filantropía y el auxilio compasivo hacia las necesidades ajenas, hacen parte de los códigos morales de muchas religiones y doctrinas espirituales.

Ayudar al prójimo de manera desinteresada hace parte de la empatía y compasión humanas y hacen posible la construcción de las sociedades. Sin embargo, para la mentalidad del manipulador, esta es una perfecta herramienta para manejar la mente y la voluntad de sus víctimas. Aconsejar a los demás para que mejoren o hagan algo en beneficio propio, es una tarea loable por medio de la cual muchos profesionales como médicos, psicólogos, asesores y terapeutas, consiguen dar un apoyo sincero a quienes lo necesitan.

Pero para la mente de los manipuladores, este rasgo empático se convierte en algo aprovechable que les permite analizar las vulnerabilidades de sus víctimas potenciales. Pasar por encima de las personas, sin tener la menor compasión o consideración, para poder cumplir sus deseos, es parte de la mentalidad usada por este tipo de personalidades de la triada oscura.

- Claro, te entiendo; me pongo en tus zapatos

- Sé lo que estás sintiendo en este momento

7

- Yo también viví lo que estás viviendo

- Porque sé lo que sientes, es por lo que te quiero ayudar

Estas son algunas de las frases por medio de las cuales el manipulador pretende entrar en la mente de su víctima para poder empatizar con ella y ganarse su confianza.

La máscara usada por la personalidad manipuladora refleja empatía, aunque en realidad es todo falso: no le interesan en lo absoluto los problemas o necesidades de su potencial víctima; solo está fingiendo, simulando, como puede hacerlo una víbora venenosa que se hace la muerta para asestar la mordida fatal a su presa, que se acerca para olisquearla y confirmar que en verdad no se mueve. Es común que las víctimas se refieran luego a sus victimarios narcisistas, psicópatas manipuladores como personas que no tenían brillo en la mirada, o que tenían una "mirada de serpiente" en su rostro inexpresivo.

Las personalidades que sienten culpa y son empáticas, no pueden entender cómo alguien es incapaz de ponerse en sus zapatos y mostrar el menor atisbo de compasión por los demás. Es algo que no pueden procesar en su mente y que les atormenta durante mucho tiempo. Este tipo de trauma luego de una relación con una de estas personalidades, es similar al que experimentan muchos veteranos de guerra. El estrés postraumático impide que las víctimas vuelvan a tener una vida plena y puedan pasar totalmente la página para seguir adelante; impide volver a tener confianza en las buenas intenciones o expresiones verbales de compasión por parte de nuevas personas con las que se van a relacionar en el futuro.

1.2 ¿Cómo se pueden identificar a las personalidades manipuladoras?

No todos los tipos de personalidades manipuladoras tienen éxito al momento de conseguir sus objetivos. Si un manipulador falla en alguno de los rasgos característicos de la típica personalidad manipuladora, resulta improbable que consiga lo que quiera de su presa. Los tres principales rasgos característicos del tipo de personalidad manipuladora típica, son:

- Disimular o enmascarar las verdaderas intenciones de agresividad para con los demás.

- Conocer los puntos débiles de su potencial víctima estudiando cada uno de sus principales factores de vulnerabilidad.

- Ser proclive a la crueldad para con sus víctimas; no hacer reparos en ningún tipo de compasión para con su víctima respecto a su violencia psicológica, física o verbal.

Una personalidad manipuladora tiene una agenda específica para cada una de sus presas, de acuerdo a lo que necesite de cada una. Cuando logra su objetivo, entonces desechará a esa persona del mismo modo que se hace con un vaso plástico una vez que se ha terminado la comida. Un manipulador exitoso no tiene el menor escrúpulo. El manipulador crea una categoría para esta y otra para la siguiente víctima. Para lograrlo, deberá ganarse la confianza total y absoluta de su presa; estará dispuesto a apoyarlo, escucharlo, prestarle toda su atención para que su víctima se encuentre cómoda.

Una de las principales inversiones que debe hacer el depredador, tiene qué ver con el tiempo que le tomará conocer cada uno de los principales rasgos débiles de la víctima. El manipulador estará tomando nota mental cada vez que hable o cruce palabra con su víctima: ¿Qué le gusta hacer? ¿Cuáles son los sentimientos que lo embargan y lo hacen más vulnerable? ¿Cuánta empatía tiene? ¿Es perspicaz para notar que está siendo manipulado? ¿Tiene rasgos altruistas? ¿Se preocupa por causas justas como los animales, el medio ambiente o la igualdad social?

Se podría comparar al manipulador con lo que hace una planta carnívora con sus presas: se acercan a ella por sus colores llamativos y los olores que emana. El insecto sentirá que está en un lugar cómodo como lo podría ser para nosotros un restaurante cómodo, bonito y lujoso, donde estamos a gusto. Una vez que la presa ha caído, ya será tarde cuando se vea atrapada por las fauces de la planta carnívora. Eso mismo hace una personalidad manipuladora cuando su víctima haya caído: la tomará por el cuello y ya no podrá escapar. Será demasiado tarde para la presa, aunque sus amigos y personas de confianza le hubieran advertido miles de veces sobre lo inquietante que resultaba la personalidad de ese ser que resultaba tan encantador y de la que tanto les hablaba, viendo solamente aspectos positivos.

Si usted tiene en cuenta estos tres rasgos principales de las personalidades manipuladoras, podrá empezar a entender los mecanismos que utilizan para ganarse la confianza de sus víctimas y evitar caer en sus trampas psicológicas.

2 - LOS FUNDAMENTOS DEL ENGAÑO: CÓMO SOMOS ENGAÑADOS

Aunque la manipulación es análoga al engaño, existen diferencias radicales entre los dos. La primera, es decir, la manipulación, suele ser mucho más sutil que el engaño. Quien está siendo manipulado, rara vez siente que está siendo víctima del quien lo hace; mientras que el engaño, por otra parte, es algo más burdo y evidente. De cualquier modo, cuando quien lo ejerce es una mente de la triada oscura, es muy probable que la víctima no se percate de los imperceptibles mecanismos para llevar a cabo la estratagema para conseguir el fin (por ello se incluye el maquiavelismo dentro de la triada oscura).

Para entender la diferencia, usaremos la analogía de una campaña de marketing. Sabemos bien que resulta común dentro de las estrategias de marketing, usar la manipulación para poder conseguir el efecto directo. Que el comprador adquiera el producto anunciado es lo que hace de una buena campaña que sea exitosa. En primer término, hay que hacer que la atención de éste se fije en producto.

El primer paso para lograr que se concrete esta persuasión, tiene qué ver con el uso del lenguaje verbal. De este modo, el anunciante hace su primera incursión en el cerebro del potencial comprador. Para conseguir que se dé la compra, a lo largo de la publicidad escucharemos frases análogas a estas:

- Este producto te cambiará la vida.

- Cuando lo probé no pensé que nunca volvería a querer cambiar de marca.

11

- En principio estaba escéptico. "Porqué gastar en otro producto si ya tengo uno que he usado toda mi vida", pensé, hasta que lo probé. Fue increíble..

La psicología aplicada al marketing afirma que, si se hace un buen uso del lenguaje persuasivo, la manipulación es mucho más efectiva que si se usa uno directo y agresivo. También las campañas políticas suelen hacer uso de la manipulación por medio del lenguaje verbal:

- Nosotros cambiaremos el rumbo del país

- Únete a nosotros para que juntos hagamos posible lo imposible

- Haremos historia como un equipo

Por medio de este uso del plural, el receptor del mensaje se siente incluido en el mensaje; siente que está haciendo parte de algo o, que el líder político lo tiene en cuenta y está dirigiéndose siempre a éste. Estas son dos formas de mostrar las estrategias de manipulación que los managers de marketing, usan el lenguaje para manipular (es usual que se refieran a esta estrategia como persuasión, ya que suena mucho menos políticamente incorrecta).

Los manipuladores suelen ser hábiles, particularmente, al usar el lenguaje para conseguir sus fines. Estas personalidades manipuladoras de la triada oscura: maquiavélicos, narcisistas, sociópatas y extremadamente egoístas, suelen aprender rápidamente habilidades psicológicas por medio de la verbalización sofisticada, que hace sentir cómodas a sus víctimas.

El uso del plural «nosotros», «juntos», «lo haremos», «vamos», «tú y yo», así como: «eres muy importante para mí», «te amo muchísimo», «eres la persona más especial de mi vida», etc., suelen ser comodines efectivos que usan para lograr lo que quieren.

Aunque realmente las palabras por sí mismas no tengan el peso suficiente para conseguir la estrategia de manipulación, sí es su contexto emocional lo que impulsa a sus potenciales víctimas a ceder ante la voluntad del victimario.

Pese a que el tema de la psicología oscura y las técnicas de manipulación mental, toma cada vez más fuerza y se hace más popular, la psicología viene estudiándolo desde la década de los setentas. Uno de los investigadores que analizaron a fines de los setentas la incidencia de la influencia de las estrategias del manipulador sobre sus víctimas, Richard E. Petty [1], analizó cómo las víctimas que eran previamente advertidas sobre el sesgo cognitivo de parte de su victimario manipulador, resultaban mucho menos vulnerables que aquellas que le restaban importancia al proceso de ser envueltos por el manipulador, a través de sus palabras y acciones.

Otro sesgo manipulatorio común es la conocida en psicología como Regla de reciprocidad, consistente en sentirse moralmente obligado a devolver una buena acción que hemos recibido por parte de alguien. Esto quiere decir,

---

[1] Richard E. Petty, John T. Cacioppo. THE ELABORATION LIKELIHOOD MODEL OF PERSUASION. Copyright 0 1986 by Academic Press. Inc. Pp 181. https://richardepetty.com/wp-content/uploads/2019/01/1986-advances-pettycacioppo.pdf

en palabras simples, quedar en deuda con alguien que nos ha hecho un favor.

Este sesgo de la Regla de reciprocidad es muy usual en la mercadotecnia y, por supuesto, es usado por los manipuladores y personalidades de la psicología oscura, para obtener resultados con alta efectividad.

Suele ser común que el victimario se ofrezca a ayudar desinteresadamente para obtener de su víctima lo que está buscando. Ser servicial, obsecuente y desmedidamente amable para con otra persona, es un rasgo común del manipulador para lograr el objetivo final, que es por el que le interesa hacer tantos esfuerzos para beneficiar a otra persona. Esto, por supuesto, en un principio, porque esa máscara se caerá tarde o temprano.

Esta estrategia de manipulación ha sido válida a lo largo de la historia, en diferentes contextos. Durante las guerras y conflictos internacionales, los espías que han sacado información valiosa al bando contrario, han usado indistintamente la estrategia de la Regla de reciprocidad. "Si te doy tú me das", podría ser el lema adecuado para este tipo de herramienta psicológica. El victimario dirá verdades a medias o dejará salir de su boca palabras que intentarán que la víctima ceda poco a poco, por medio de adulaciones, zalamerías, loas y fórmulas de cortesía, hasta lograr vencer su resistencia psicológica.

Las evasiones en el discurso verbal con rodeos, cambios de tema y de enfoque en el interés, como pueden ser, por ejemplo, durante una primera reunión casual para tomar un café mostrarse profundamente vulnerable contando anécdotas íntimas o haciendo un pequeño papel dramático con llantos y sollozos fingidos para conmover la resistencia de su presa, suelen tener éxito dependiendo del nivel de empatía de quien es manipulado.

Testimonio real de manipulación

Mi nombre es Janet. Vivo en Nueva York y tengo treinta años. Trabajo como comisionista desde hace unos ocho años. En mi trabajo conozco a muchas personas. He desarrollado habilidades sociales que me permiten tener mucha mayor perspicacia respecto a las personas inescrupulosas o tóxicas, como las personalidades de psicología oscura, narcisistas o manipuladores. Justo, hace unos años, me sucedió algo con una persona así, a la que llamaré John.

Lo conocí durante una fiesta que dio Cris, un amigo mío.

—Janet —me dijo entusiasmado— tienes que venir a la fiesta: te quiero presentar a un chico fantástico. Él llegó solo a Nueva York y en menos de un año, abrió su propia empresa; devenga casi medio millón al año.

¿Medio millón? Pensé que Cris estaba exagerando, pues para poder establecerme en la ciudad, tuve que hacer varios trabajos duros a lo largo de casi tres años. Esta "hazaña", despertó mi interés por John.

Cuando lo conocí esa noche, debo decir que quedé impresionada. Vestía un traje oscuro impecable, con mancuernas y una corbata muy elegante. Sus zapatos eran italianos y su barba estaba trazada con sobriedad y gran estilo. Irradiaba un aura de sensualidad y sofisticación. Al empezar a hablar con John, me sorprendí que conociera sobre tantos temas; además hablaba varios idiomas.

»Al indagar a John sobre su negocio, me dijo que se trataba de un proyecto de ingeniería social para analizar tendencias estadísticas. Eso era algo que me apasionaba, por lo que cada vez que me contaba sobre el tema, yo tiraba del hilo. Ahora que recapitulo, me doy cuenta que estaba analizándome; yo era una especie de insecto que él miraba con una sonrisa bajo el microscopio. Subestimé su agudeza mental.

Así fue como me vi envuelta en una relación con John. Tengo que decir que él no me gustaba en lo absoluto, pero lo que me parecía fascinante era su inteligencia y su capacidad para sacar adelante proyectos. Una vez que empezamos a tener más y más confianza, entonces me soltó la bomba.

—Janet —me dijo durante una cena en un exclusivo restaurante— Quiero que te involucres en el proyecto. Ahora que vienen las elecciones quiero que hagas parte de la compañía.

Yo me entusiasmé, porque John tenía una gran habilidad psicológica para leer entre líneas los comportamientos y la expresión no verbal. Le dije que me gustaría hacer parte de su vida y sus proyectos. Así fue como acepté entrar al negocio.

—Pero tengo que decirte algo —John puso una cara adusta, haciendo uno de sus gestos típicos cuando mentía para manipularme—: si no te molesta darme en calidad de préstamo doscientos cincuenta mil para poder centrarme en el proyecto. Tengo que pagar dinero a los diseñadores de software… Pero yo te pagaré el doble antes de dos meses.

Cada vez que John hablaba, yo caía en una especie de hechizo, de hipnosis que hacía que creyera cada una de sus palabras, aunque afirmara que podía caminar sobre las aguas.

Un par de días luego de cenar, yo le giré la suma que pedía a la cuenta. John se mostró muy agradecido. Me dijo que celebráramos esa noche, pero yo tenía mucho trabajo. Como no podíamos vernos, contó que se iba para Vancouver esa misma noche pero que esperaba verse conmigo en menos de dos semanas.

«Eres muy especial para mí: te amo», escribió en el pie de foto desde el aeropuerto en esa noche de nieve que no olvidaré.

¿Qué pasó con John? Pues bien, luego de eso, no volví a verlo. Me bloqueó de todas sus redes sociales y cambió de número de teléfono. Al encontrarme a Cris, él estaba muy apenado conmigo, tanto que prácticamente le faltó esconder la cabeza bajo la tierra como los avestruces. Me confesó que un amigo suyo en Vancouver le contó que supo que John estafó al menos a media docena de mujeres adineradas. Jamás volvieron a verlo en la ciudad.

John era el arquetipo del hombre guapo, narcisista y manipulador con grandes dotes de megalomanía.»

3 - FUNDAMENTOS DE BASE PSICOLÓGICA DE LA MANIPULACIÓN Y TRIADA OSCURA

Para entender mejor cómo funcionan los mecanismos psicológicos de la manipulación al interior de las personalidades de la triada oscura, es preciso ir a la raíz de los mismos. Como hemos visto, existen elementos, acciones y patrones que indican que estamos siendo víctimas de una personalidad de la triada oscura que nos está intentando manipular, o que ya lo ha venido haciendo, hasta el momento en que hemos reparado que lo estamos siendo.

3.1 ¿Qué es el maquiavelismo?

La expresión maquiavelismo, tiene como origen principal la figura de Nicolás Maquiavelo (1469-1527), escritor y diplomático italiano, quien se hizo célebre por un tratado llamado El Príncipe, donde el autor explicaba en detalle cuáles eran los principales factores que llevaban a la consecución del poder, a través de medios poco ortodoxos.

En ese orden, el maquiavelismo se podría denominar como una serie de estrategias para poder conseguir el fin necesario a través de estrategias de manipulación, engaño y persuasión psicológica. Pero a diferencia de la manipulación (analizada en el capítulo anterior), el maquiavelismo no se centra tanto en el control y engaño por medio de las emociones, sino más bien en un análisis cognitivo e intelectual. Esto significa que la personalidad maquiavélica está analizando siempre, de manera fría, la mejor manera de sacar partido a su víctima.

Es por esa razón que, sobre todo los grandes líderes políticos de la historia, han tenido que hacer uso de comportamientos maquiavélicos para poder salirse con la suya. Se ha dicho, con razón, que la política es el arte de engañar; pero también, es una de las principales áreas de trabajo y análisis de este tipo de personalidades, ya que los políticos profesionales suelen mostrar un gran control de las emociones por medio del lenguaje verbal y no verbal, para poder alcanzar unas altas cotas de éxito en su tarea de liderazgo.

La personalidad maquiavélica carece de resortes de tipo moral. En El Príncipe, una de las máximas más célebres del célebre libro del autor florentino, es: «el fin justifica los medios», que podría ser la síntesis del espíritu de la obra. Un verdadero líder no repara en detalles morales, sino que simplemente va a tomar lo que es suyo. Lastimar los sentimientos y las ilusiones de otros, es una simple consecuencia: del mismo modo que hacer la tortilla lo será de haber quebrado previamente los huevos.

Las prácticas de las personalidades maquiavélicas, tales como lastimar o pasar por encima de los otros, son comunes. Esta es una de las principales razones por la que las personas demasiado empáticas no conciben cómo ha sido capaz el manipulador de tener tan poca consideración con tal o cual persona para conseguir sus fines: no comprenden esa "atrofia" en el sistema emocional.

Por lo general el maquiavelista conoce muy bien los rasgos de la personalidad y el comportamiento humanos. Por eso, justamente, es que no puede tener compasión para engañar, mentir y persuadir a los demás a hacer exactamente lo que éste desea que hagan. La víctima de la personalidad maquiavélica, por decirlo de una manera elegante, deberá cooperar de manera pasiva para convertirse en un objeto, un instrumento y un camino por medio del cual el individuo con personalidad maquiavélica pasará por encima para llegar a su meta final.

Muchos líderes políticos y de la sociedad han mostrado rasgos maquiavélicos. Dentro de la lista de nombres y acciones maquiavélicas a lo largo de la historia, se pueden mencionar:

- Catalina de Medicis, quien aplicó las doctrinas del florentino para acabar con los protestantes de Francia en la Noche de San Bartolomé.

- El cardenal Richelieu, que puso en bandeja de plata las arcas de Francia en manos de los protestantes para provocar la derrota de España.

- John Locke y Adam Smith, quienes fundamentaron las bases de la economía liberal, a través de la estabilidad del régimen que justificaba entre otras cosas, la voracidad de la competencia del libre mercado entre comerciantes.

- Antonio Gramsci, el líder comunista italiano que, apelando a una revolución pasiva, pretendía la sublevación popular por medio de la sumisión del pueblo

- Fernando VII de España, quien para mantener su status quo durante los conflictos europeos, trabó un acercamiento con Napoléon, a expensas de su propio linaje real, y a traición de su propia patria

- El general Francisco Franco, que hizo gala de su maquiavelismo al tomar distancia tras la derrota en la Segunda Guerra Mundial de las potencias del eje,

Alemania e Italia, acercándose al gobierno de Estados Unidos para firmar un pacto.

3.2 El egoísmo y sus mecanismos narcisistas

Las sociedades modernas nos han habituado a ser egoístas, en virtud del llamado éxito individual. El culto al ego, la competitividad y la falta de empatía por los demás, hace que cada día más se vean conductas narcisistas. La personalidad narcisista, dentro de sus características, tiene un alto contenido de egoísmo. Es común ver las fotografías en las redes sociales, donde las personas suelen hacer alarde o presumir su estilo de vida, su ropa, sus coches, sus viajes, incluso a los miembros de su familia, como si fueran meros accesorios y que solamente están allí posando para la foto perfecta que han creado en su mente.

Aunque existe un componente de narcisismo que resulta positivo, sobre todo para subir la autoestima y conseguir logros a pesar de las críticas que puedan surgir a nuestro alrededor, cuando la conducta narcisista se vuelve una tendencia, toma visos de toxicidad. Las constantes demandas del narcisista, su personalidad megalómana, su autoestima desmedida, se empiezan a perfilar como futuro trastorno de la personalidad, en las etapas infantiles.

Si bien cada uno de nosotros tenemos rasgos de personalidad egoísta, en el narcisista estos son claramente marcados y sobresalen por encima del resto. Gran parte del origen y desarrollo del TNP (Trastorno Narcisista de la Personalidad) se gesta en la niñez; en algunos casos, los hijos de padres narcisistas suelen mostrar rasgos de este tipo de trastorno, aunque la ciencia aún no tiene un dictamen absoluto al respecto.

Dentro de la mente de un narcisista, siempre él o ella, estarán en primer lugar; el resto de la humanidad no importa: está ahí para reconocer su grandiosidad, su excelencia, su belleza, su perfección, su inteligencia y su elegancia. El narcisista es como una especie de estrella alrededor de la cual gira el resto de su sistema planetario e insignificante. No podrían existir si su personalidad brillante y cálida, no los iluminara y los nutriera con su presencia constante.

El narcisista siempre estará allí para corregir comportamientos, enseñar, educar, guiar, salvar, conducir, asesorar, instruir, etc. Siempre verá defectos en los otros; solo cualidades en sí mismo. Es un ser que está hecho a prueba de fallos, errores, fealdad o torpeza. Su mente es impermeable a las críticas. No las escucha, porque vienen de seres inferiores, pues así es como los ve y no de otra manera. Nunca alguien empático, puede estar a la altura de la personalidad de un narcisista.

Existen dos tipos de personalidades narcisistas típicas: abierta y encubierta.

Personalidad abierta:

Este tipo de personalidad narcisista considera que su existencia es única y que nadie se le puede comparar. La única manera de poder tratar con este tipo de personalidad es por medio de la sumisión: si no se les rinde culto, como si fueran una estrella o una deidad, entonces devaluarán a quien antes tenían en alguna consideración. La inexistencia será la nueva categoría a la que pasarán quienes no miren desde abajo a la personalidad narcisista abierta.

Por lo general, la personalidad narcisista abierta está cargada de una energía de positividad que es fugaz. Se agota rápidamente en función de las necesidades de conseguir atención por parte de quienes se le acercan. Suelen mostrar un encanto pasajero, que se desvanece en la medida que reciben una crítica, aunque sea constructiva. Su falta de introspección psicológica es evidente y por ello suelen ser poco receptivos a observaciones o críticas, como se ha dicho. Es común que, en las relaciones, sean estas laborales, afectivas o comerciales, sean celosos; su falta de autoevaluación los hace débiles, por su carencia de verdadera autoestima.

Personalidad encubierta:

La personalidad narcisista encubierta se oculta bajo una máscara de timidez o vulnerabilidad. Aunque podría considerarse que no es una personalidad dominante o prepotente, el encubierto tiene una personalidad no tan fuerte como la abierta, que queda oculta tras el velo de su modestia. Sabe muy bien lo que hace y por esa razón está alternando continuamente la superioridad con actitudes de modestia.

Dentro de su mecanismo de operación, se muestran vulnerables, se quejan y dicen sufrir mucho, victimizándose constantemente. No tienen la piel muy dura, por lo que suelen tener una figuración social modesta, pasando desapercibidos al interior de estructuras de poder jerárquico, esencialmente porque no soportan muy bien las críticas que puedan surgir a su alrededor. Suelen sentirse minimizados cuando alguien en su entorno cercano, detenta más poder, carisma o tiene una personalidad más fuerte que la suya.

Por esta razón suelen usar la lástima y la compasión como mecanismo de control; son conscientes de que existe una normativa legal social y por ello, en público intentan atacar dentro de los límites que dichas normas lo permitan, pero en la intimidad, serán mucho más agresivos. Suelen ser despectivos, irreverentes e irrespetuosos con las jerarquías sociales. Conocen su puesto dentro de la pirámide social; esta es la razón por la que se sienten muy cómodos en mandos medios, donde pueden abusar a su antojo del resto de los subordinados. La neurosis es uno de sus rasgos característicos. No tienen una voz de mando fuerte y suelen ser más bien complacientes y zalameros.

3.3 Técnicas de control y manipulación mental

Un aspecto interesante de la psicología oscura, tiene qué ver con las técnicas de control y manipulación mental. A lo largo de la historia, pero principalmente en el siglo XX, cuando las escuelas de psicología empezaron a conocer cómo se aplicaban estas estrategias de manipulación, las principales agencias de seguridad e inteligencia del mundo, hicieron lo propio para resolver crímenes y analizar casos de crímenes en serie.

Los manipuladores son muy hábiles para conseguir entrar en las mentes de sus víctimas, cambiando su sistema de creencias para convencerlos de hacer todo lo contrario a lo que ellos piensan, tanto de sí mismos como del mundo. A pesar de que la idea de manipulación suene como negativa, en virtud de la tendencia actual, prácticamente todos los seres humanos somos manipulados por medio de la cultura, educación y del comportamiento social, desde nuestra más tierna infancia.

Los profesores, familiares, amigos, compañeros de trabajo o de estudio, vecinos, parejas, etc., influyen de una u otra manera en la apreciación que tenemos antes y después de conocer sus opiniones. Estas determinan nuestras acciones, que, a su vez, afectan nuestro futuro, en todos los niveles: económico, psicológico, laboral, académico, afectivo, social, etc.

En todos los ámbitos de la vida podemos observar los mecanismos de la persuasión y la manipulación. De ese modo, un político manipula a sus potenciales electores para que voten por él, intentando cambiar su pensamiento con sus ideas y propuestas; los líderes espirituales, hacen lo propio con sus prosélitos, usando los recursos retóricos para conmover, atemorizar o entusiasmarlos para que sigan las enseñanzas y los preceptos que promueve; los grandes empresarios y CEO'S de compañías mundiales, usan argumentos de persuasión y manipulación para convencer a sus usuarios de que deben comprar tal producto y no el de su competencia.

La mente humana tiene un mecanismo que al detectar algo que está en contra de sus conceptos morales o éticos. De esa manera, cuando alguien conoce un argumento que se opone a este sistema de creencias, o ideas con las que ha sido nutrida su mente desde su infancia, hay un choque. Esto es lo que en psicología se conoce como disonancia cognitiva. Esto significa que el cerebro es incapaz de entender o de procesar una idea contraria a la que estaban prestablecidas.

Los manipuladores son muy hábiles para cambiar los conceptos y acomodarlos a las creencias e ideas de cada persona, al momento en que están intentando convencer a sus víctimas, de hacer lo que ellos quieren.

Gran parte de las elecciones o compras compulsivas, por ejemplo, se deben a la manipulación que ejercen las técnicas de mercadotecnia sobre nuestro cerebro. Comprar productos que no necesitamos o hacer compras, donaciones o dar dinero o atención a algo que no nos interesa, pero que somos forzados inconscientemente a hacerlo, es una causa de la manipulación.

Algunas formas de manipulación comunes suelen venir vestidas de buenas intenciones.

Los comerciales que nos conmueven, con música melancólica, imágenes de desamparo y tristeza, con un mensaje final que dice: "Colabora con esta causa para que los niños de X país del Tercer Mundo, no sufran. Aporta un grano de arena en esta cuenta y página web y ayuda a salvar una vida", es una forma no muy sutil de manipulación psicológica.

Un testimonio de una mujer que trabajaba en una oficina de abogados en una ciudad importante de Europa, puede mostrar, hasta qué punto todos podemos ser manipulados.

«Mi nombre es Mary, lo usaré para ocultar el verdadero. Trabajé en una oficina de abogados en una ciudad capital de Europa. Mi trabajo consistía básicamente en hacer la tarea de registro de documentos, manejo de personal y otras tareas administrativas. Trabajaba seis horas, de lunes a viernes, pero, mi jefe, luego de unos seis meses, empezó a pedirme que me quedara un par de horas más.

»Tengo dos hijos y no tengo quién se haga cargo de ellos. Así que le dije que, en principio, no podía, pero siguió insistiendo. Incluso me prometió que me pagaría más y me daría prelación para descansar un día a la semana, si yo así lo quería. Siempre usaba argumentos como: "sabes que la empresa no está tan bien; requerimos sacrificios colectivos", con esto quería dar la impresión de que necesitaba ayuda y que yo también, claro, necesitaba trabajar.

»Me quedé dos horas durante el primer mes que me lo pidió. Luego, el número de horas que me requería fuera del trabajo, se incrementó. "Mary", dijo mi jefe, "vas a tener que llevar trabajo a casa, pues la chica que era tu auxiliar, tomó la decisión de renunciar." Esto fue algo que me puso en una situación incómoda. Aguanté durante otros dos meses, hasta un día en que me pidió que trabajara en casa un fin de semana…

»Opté por decirle que me pagara o lo denunciaba por acoso laboral. Mi jefe intentó manipularme de muchas maneras, pero al final, yo conseguí ser indemnizada. Se hizo justicia, pero, ¿se pueden imaginar la cantidad de casos que no salen a la luz porque las personas son más débiles o se sienten intimidadas por el poder de sus jefes?»

Algunas veces, las técnicas de manipulación suelen ser sutiles y necesitamos gestos o acciones determinadas para saber que estamos siendo víctimas de personalidades oscuras. Gran parte de los cerebros son empáticos. Es decir, son receptivos a las emociones positivas como afabilidad, alegría, solidaridad, fraternidad, etc. Los cerebros de aquellas personas que tienen rasgos de manipulación, narcisismo o maquiavelismo, son impermeables a la empatía, por lo que usan técnicas básicas para manipular el cerebro de sus potenciales presas.

A continuación, vamos a ver algunas de estas básicas técnicas de manipulación que resultan muy efectivas para las personalidades oscuras, a la hora alcanzar conseguir los objetivos:

Sonreír:

La sonrisa es una manera muy efectiva de empatizar. El cerebro la interpreta como un gesto amable y empático que garantiza el acercamiento y la confianza. Cuando conocemos a alguien extraño, uno de los gestos de empatía es sonreír. Pese a que este podría ser un signo de cortesía, los manipuladores, narcisistas y personalidades maquiavélicas, usan la sonrisa como un comodín que permite acceder más fácilmente a la buena voluntad de las posibles presas.

Ser persuasivo y amable:

Para lograr conseguir la buena voluntad y la empatía de los demás, las personalidades manipuladoras y maquiavélicas, usan la persuasión y la amabilidad para acercarse y ganar confianza. Mostrarte particularmente preocupado o atento por las cosas que necesita la víctima, llamarle, escribirle, enviarle dinero o ayudar moralmente, pueden ser tácticas complementarias a la estrategia inicial de la persuasión por la amabilidad, sin resultar agobiante, desagradable o incómodo.

Dar siempre la razón:

Una de las maneras de agradar y empatizar rápidamente, tiene qué ver con ser siempre connivente, es decir, dar siempre la razón a la posible víctima. El manipulador conoce que una de las mejores formas para poder entablar una conexión es dándole la razón a su presa. En cualquier tema que usted toque, podrá notar cómo el manipulador le dará la razón y estará prácticamente de acuerdo con usted en todo lo que diga. Así que no contradecir, incluso en temas que resultan polémicos o dividen opiniones, como la política o la religión, es una señal de alerta para que usted sospeche que puede estar siendo víctima de una de estas personalidades manipuladoras.

Organizar actividades conjuntas:

Otro rasgo característico de las personalidades manipuladoras es organizar actividades en conjunto con su víctima. Una de las principales bazas en manos del manipulador es hacer un tipo de actividad específica, por lo general, planificada y cíclica. Si el manipulador le dice que vayan al gimnasio juntos, a la biblioteca, a hacer compras o cualquier otro tipo de lugar semanal o diariamente, entonces esto es una señal prácticamente inequívoca de que esta persona está poniendo su mirada sobre usted. Esto tiene qué ver con que el manipulador, narcisista o maquiavélico, que tiene por lo general rasgos psicopáticos marcados, querrá estudiarlo con minuciosidad para poder proyectar su personalidad en la suya, haciéndose a su confianza.

Entregar el control de la charla a la otra persona:

La conversación es una actividad que nos permite interactuar y conocer a los demás, escuchándolos y dejando que nos escuchen a nosotros. Entablar una relación de cualquier tipo con alguien, requiere un tiempo de conversación para saber qué piensa esa persona y qué expectativas tiene sobre su vida y sobre otros aspectos. Esto es lo que hace que muchas amistades perduren a lo largo del tiempo. Pero para el manipulador, la charla no es sino otra arma más para usar en contra de su víctima. Por lo general, cuando se establece una conversación, las partes alternan el discurso; uno afirma o pregunta y el otro responde o argumenta, etc. El manipulador permitirá que usted tome las riendas de la charla para poder escuchar todo lo que usted dice y tomar nota mental. Al tiempo que se gana su confianza, está copiando cada gesto, rasgo, idea y sentimiento que usted tenga sobre un tema. Es común que las víctimas de manipuladores, luego se quejen ante su terapeuta de que esa persona parecía escucharlo siempre atentamente, con gran interés y respeto en cada una de sus palabras y opiniones.

El pivote de Ransberger:

Esta técnica está ligada a las anteriores, pues se trata básicamente de nunca contradecir, corregir o criticar a la contraparte, aunque esté equivocada o su argumento no tenga ningún tipo de sustento. Es posible que la tensión emocional ante una contradicción pueda hacer que exista una tensión previa entre ambas partes, por lo que puede que la discusión se torne cada vez más intensa. Se podría decir, en síntesis, que la técnica del Pivote de Ransberger, intenta conciliar los dos puntos opuestos más extremos en un punto medio, es un intento de conseguir una conciliación o contemporización de dos extremismos ideológicos.

El primer paso de esta técnica consiste en la escucha atenta. Los manipuladores suelen usarla de manera efectiva, guardando un respetuoso silencio ante los argumentos de la contraparte. No lo hacen, obviamente, para llegar a un acuerdo con la otra parte para entenderla y cooperar: simplemente es una manera de llegar a conseguir sus fines de la manera más directa posible.

El segundo paso de esta técnica es tener en cuenta los argumentos de la contraparte para poder llegar al acuerdo. Esto requiere empatía, consideración y paciencia. El manipulador llevará a rajatabla estos pasos para conseguir la persuasión final y manipular a la víctima. No lo hace porque tenga un interés en acordar nada con ésta: simplemente es una más de las estrategias que tiene bajo la manga.

El último y paso final es admitir los errores para poder conseguir el acuerdo entre las dos partes en conflicto. Puede que en una discusión existan confrontaciones verbales, insultos, burlas y todo tipo de ataques ad hominem, sin embargo, esto lo que pretende es que ambas partes cedan lo mayor posible, llegando a un acuerdo final. La cesión de su posición de dominio por parte de un narcisista o un megalómano, como suelen ser todas las personalidades de la triada oscura, manipuladores y psicópatas, es algo que resulta difícil, pues este tipo de personas siempre querrán tener la razón a costa de todo. Así que, en caso de que el manipulador termine cediendo, lo hará no porque esté de acuerdo con su victimario: lo que intenta es conseguir manipular, al darle la razón a su argumento, aunque no lo comparta en lo absoluto, pues siempre pensará que su contrincante dialéctico es mucho menos inteligente y capaz, por tanto, no merece su respeto.

Mentira compulsiva:

La táctica de la mentira compulsiva es clásica de los manipuladores para obtener lo que quieren de sus víctimas. Por lo general, las personas empáticas suelen hablar de manera franca y veraz, es decir, sin mentiras, pues quieren ser transparentes con su contraparte. Por el contrario, la personalidad manipuladora, pretende justamente arrastrar de los hilos, como si fuera una marioneta, a su víctima, atrapándola en una red de mentiras constantes e incesantes. De este modo, genera caos en la mente y sentimientos de la otra persona, que tendrá un constante sentimiento de confusión y de disonancia cognitiva sobre lo que creía tener claro desde un principio. La mentira resulta ser un arma poderosa de la personalidad manipuladora, para conseguir lo que quiere.

Controlar la información:

Con el fin de conseguir su objetivo predatorio, el manipulador en la interacción con la víctima, guardará datos vitales para poder conseguir lo que quiere. Esto le entrega una ventaja que la contraparte desconoce. Por ejemplo, el manipulador quiere conocer al círculo íntimo de su potencial víctima, entonces le propone que se encuentren en un lugar que la propia víctima o el manipulador, a partir de su investigación, conoce bien que es frecuentado por ésta. Así que es probable que quiera concertar una cita allí; cuando la víctima se encuentre con el manipulador, éste pretenderá que aquello es solo un encuentro fortuito fruto del azar y que él no ha tenido nada qué ver. En todo caso, la víctima habrá contribuido dándole información de manera consciente o inconsciente. Este es un mecanismo muy poderoso que usan las personalidades manipuladoras.

Técnicas narcisistas (lovebombing, devaluación, gasligthing)

Las personalidades de los manipuladores, suelen tener también componentes narcisistas. Esto significa que tarde o temprano, usarán estas técnicas para poder someter y manejar a su antojo a su víctima. Dentro de estas técnicas más comunes del narcisista, podemos mencionar:

Lovebombing: esto quiere decir literalmente, bombardeo de amor. Como su nombre lo indica, el manipulador llenará de halagos, cumplidos y palabras amorosas a su potencial víctima. Esto con el fin de ganarse su total confianza a base de hacerle creer que realmente lo admira, lo respeta y lo ama, aunque en el fondo todo esto no sea sino un burdo montaje para hacer caer a su presa en la telaraña que está tejiendo para ella.

Devaluación: esta técnica consiste en poner siempre por debajo a su víctima respecto a las cualidades de otras personas con las que estará comparando continuamente, con el fin de hacer que se devalúe su autoestima y su ego. De este modo, el respeto y la estima propia que tiene la víctima, pasa a ser un valor que en cualquier momento puede ser debilitado y demolido por el manipulador por medio de esta técnica maestra.

Gaslighting: el origen de esta técnica narcisista, proviene de una película de los años cuarenta, donde un

33

personaje intenta confundir a la contraparte, cerrando la espita del gas para luego decirle a su víctima que ha sido ella la que lo ha hecho. De este modo, tergiversando, cambiando, difamando, mintiendo, echando culpas a los demás por lo que hace, el manipulador consigue confundir a su víctima trastocando el orden y el entorno, tanto físico como psicológico y verbal. Esto hace que exista una gran disonancia cognitiva en la víctima del manipulador, entregando su cordura y su orden mental a este de manera pasiva.

4 - ¿QUÉ ES LA PNL Y CÓMO NOS SIRVER PARA REPROGRAMAR NUESTRO CEREBRO?

El termino PNL (Programación Neuro Lingüística) es uno de los más sonados durante los últimos cincuenta años. Para sintetizar, podría definirse la PNL como la disciplina que se encarga de la reprogramación del cerebro respecto a la comunicación, tanto verbal como no verbal. Este método se basa en la premisa de que nuestro cerebro es plástico, ¿esto qué significa? Simplemente, que este órgano tiene la capacidad de readaptarse y moldearse de acuerdo a los postulados que nosotros predefinimos para él. La metáfora del hardware y del software aplica aquí: el cerebro sería una suerte de hardware y el lenguaje, verbal y no verbal, sería el software con el que lo programamos. Todas las ideas que tenemos, equivocadas o no, están determinadas por un condicionamiento cultural y social.

Esto quiere decir que el cerebro responde a un esquema de situaciones determinadas que están en nuestra mente. Cada uno de nosotros tiene una, por lo que solemos ver desde este punto de vista particular, los problemas a los que nos enfrentamos. De este modo, uno de los principales postulados del PNL, es que no cambia el esquema de un hecho o situación, sino que, lo que cambia es la manera en la que nos ponemos en dicho esquema, esto es, el punto de vista de cada uno es totalmente diferente al otro.

Una de las grandes fortalezas que ofrece la PNL, es la corrección de malos hábitos, el método y los cambios de procedimiento en las tareas o modos de ver las cosas. Así como es totalmente diferente contemplar el panorama de una ciudad desde el ascensor de un edificio, viendo a través de sus ventanas transparentes, a hacerlo desde el último piso donde nos acercamos al borde y podemos tener vértigo, sintiendo cómo el viento está soplando en nuestros oídos, sin dejarnos escuchar lo que dice nuestro interlocutor; una experiencia totalmente diferente experimenta quien ve el edificio y el panorama de la ciudad desde un helicóptero, o incluso, desde la visión de un dron con una cámara de alta resolución. Es el mismo escenario y lugar, pero las perspectivas son opuestas por completo.

Esto nos puede ofrecer un concepto acerca de la importancia del PNL para nuestras vidas. Vamos a ver un ejemplo de un testimonio de vida, en el cual se aplicaron los postulados de la PNL de forma exitosa.

«Me llamo Jorge y vivo en la periferia de Bogotá, una gran ciudad de América Latina. Me desempeño como asesor de servicio al cliente en una compañía multinacional. Cada mañana tomo el sistema de transporte masivo, junto a millones de personas más, para llegar a mi trabajo, en el centro de la ciudad. Este proceso es algo complejo y tedioso, por lo que mi estado de ánimo, al momento de llegar a mi lugar de trabajo, no resulta tan bueno como cuando me levanté. Hasta que no conocí sobre el PNL y sus maravillosas técnicas, no tenía ni idea de cómo podía cambiar mi perspectiva sobre las cosas.

»Esa mañana al llegar a trabajar, la primera llamada que recibí fue la de una mujer que estaba muy molesta por el servicio de la empresa, que según ella era el peor del mundo. Le pedí que se calmara, pues estaba gritando mucho. "No es necesario que me grite, para contarme la gravedad de su problema, señora", le dije, pero la clienta continuaba fuera de sí, histérica, como en estado de trance. Aunque estaba intentando entender la razón de su furia, que era un fallo en la conexión de Internet, su rabia no le permitía tener claridad mental para ayudarla. La mujer estaba dedicada a gritar. Por un momento pensé en responder a sus gritos, que me estaban empezando a producir dolor de oídos, de la misma forma, es decir, rompiendo los límites racionales de decibeles permitidos en una llamada. "¿Es que nadie piensa hacer nada para resolver este problema que tengo?", bramaba la mujer al teléfono.

»Recordando lo que había leído en un libro sobre PNL, decidí aplicar la técnica contraria. Como la mujer estaba gritando demasiado, tanto que el supervisor de llamadas empezó a escribirme por WhatsApp qué era lo que pasaba con aquella cliente, opté por utilizar la técnica de neutralizarla. Así que cuando hubo terminado el largo monólogo lleno de palabras de alto calibre, gritos y refunfuños, yo permanecí en silencio. No nos está permitido bloquear el micrófono, excepto cuando le estamos pidiendo al cliente que espere por una respuesta de nuestra parte, así que me quedé en el más sepulcral de los silencios posibles, esperando a que la clienta se callara de una buena vez por todas.

—¿No piensa decir nada? ¿Se va a quedar ahí callado como un estúpido inútil? —bramó la mujer por los auriculares reventando casi mis tímpanos.

Finalmente, tras unos cinco minutos de silencio, la mujer empezó a bajar el nivel de su rabia y se sosegó. Entonces retomé la llamada desde el comienzo y seguí los pasos indicados en el protocolo de servicio al cliente: la mujer siguió los pasos que le indiqué con su aparato de módem y logró restablecer la conexión. Al final de la llamada, estaba tan avergonzada por su comportamiento, que me dio la mejor calificación. Esto me demostró que la PNL era totalmente cierta en todo lo que afirmaba.»

La mayoría de sucesos que vivimos en la vida, malos y buenos, están relacionados con la manera en la que vemos el mundo. Si algo es difícil para nosotros, lo será hasta que no cambiemos la forma de verlo. El miedo y los conceptos erróneos que tenemos sobre el mundo y su entorno, claro, que incluye a las demás personas, es lo que define que tengamos o no éxito en una empresa que iniciemos. Cambiar la forma en que hacemos las cosas, no las cosas en sí mismas, es lo que dará con un resultado diferente. Algunas personas dicen que lo que hacen, lo han hecho así durante muchos años y ha funcionado y eso es suficiente.

Al igual que las palabras, los gestos comunican cosas, sentimientos, emociones e ideas. Nuestro cerebro está diseñado para recoger los diferentes estímulos que vienen del mundo exterior en forma de olores, formas, colores, sensaciones, sabores, sonidos, etc. Una vez que ha organizado las piezas dentro del complejo sistema de sinapsis neuronales, éste órgano fascinante, nos ofrece un cuadro, una representación que será para nosotros una especie de modelo de esa realidad, en una escena completa.

Esta es la razón por la que algunas personas dejan una mala impresión durante una entrevista de trabajo o a la hora de conocer a una cita por medio de Internet, por ejemplo: nuestro cerebro está determinado para asumir que algo es bueno o malo, conveniente o no, de acuerdo a la programación que tenemos en él, a nuestras enseñanzas desde la infancia más tierna, nuestro nivel social, cultural, nuestro origen, nuestro sistema de percepciones, que incluye a nuestro cuerpo y sus sentidos, etc. Al final, como en una receta de cocina, a la que se puede agregar más o menos de tal o cual ingrediente, dará un resultado que será satisfactorio o no, como un pastel o una tortilla puede saber más o menos insípida, pastosa, cremosa, ligera o deliciosa. Todo depende de nuestra PNL.

La manera en la que asumimos el trabajo que hacemos, el tiempo que pasamos haciéndolo y los resultados de este, así como el dinero que ganamos por realizarlo, determinan la visión global que tenemos de dicho trabajo. Estaremos al final del mes, satisfechos con los resultados o no. En todo caso, gran parte de la responsabilidad, de los resultados, decisiones, elecciones y procesos finales, están en nuestras manos, porque son consecuencias de una serie de causas previas que incluyen cómo aprendimos a hacer dicho trabajo y de qué manera se hace.

La práctica hace al maestro, podría ser la síntesis de lo que quiere significar la PNL para mejorar la vida de las personas. Para poner un ejemplo: si una persona, el señor X, que es ludópata, toma todo el dinero que tiene y se va a la ruleta para jugar, creyendo que así, por un golpe de suerte ganará esta vez en una racha fantástica que lo convertirá, en un parpadeo, en millonario, lo más seguro es que fracase en su intento, perdiendo todo su capital y quedando en la ruina absoluta.

Si por el contrario otra persona, el señor Y, que ha trabajado durante años, decide estudiar un nicho de mercado nuevo, ha inventado un nuevo producto o destaca en sus habilidades como cocinero, y abre un negocio, las probabilidades de que tenga éxito resultan mucho mejores en perspectivas que en el primer caso, es decir de nuestro amigo el ludópata señor X.

La manera de hacer las cosas influye tanto cómo la visión de esas cosas que tenemos en nuestra mente. Se podría comparar la técnica del PNL aplicada, a una especie de diagrama de flujo, que sería aproximado a este:

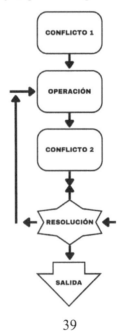

Este modelo de acción estratégica de la PNL, esquematizado en el grafico anterior, permite visualizar el proceso de toma de decisiones, en que constantemente fallamos. Al darse un Conflicto 1, que puede ser cualquier tipo de hecho o de situación en que nos hallamos forzados a tomar una decisión, optamos siempre por una Operación: en principio esto puede ser una discusión familiar, laboral, sentimental o un conflicto con un desconocido en la calle.

El conflicto 1 puede hacer que nos palicemos, discutamos, argumentemos, gritemos, incluso, hasta llevarnos a un enfrentamiento físico. La Operación, será la forma en la que abordemos el conflicto, cuando la sangre caliente se disipe de nuestras mentes, entonces empezaremos a ver qué decisión puede ser la mejor frente a aquel hecho.

La situación puede llegar a escalar a un Conflicto 2, donde el nivel de agresión y de amenaza se eleva, así como los gritos e insultos, en una discusión donde pueden volar platos o papeles, sobre las cabezas, que se van a estrellar luego contra las paredes, etc.

Esto deriva necesariamente en la Resolución, que nos hará convencernos de la necesidad definitiva de huir o luchar; desistir o insistir; negociar o rendirnos. Puede haber un bucle, que derive de nuevo en el inicio y una aparición de más conflictos intermedios, donde pueden aparecer terceras personas o sucesos más o menos graves que incrementen el conflicto, haciéndolo insostenible.

Por lo general, este diagrama se resuelve con la Salida, que hará que tenga un fin dicha situación, resolviéndola a favor o en contra nuestra.

Los pasos de este diagrama de operaciones de PNL, estarán determinados por la habilidad que tengamos para gestionar cada una de estas situaciones de conflicto intermedias, que podrán hacer que el panorama sea más llevadero o no. Dado que la PNL constituye un tema vasto en sí mismo, este apartado nos permite exponer que los mecanismos para la reprogramación del lenguaje neuronal, tanto verbal como no verbal, tienen una profunda influencia en nuestras vidas y todo su espectro general: académico, social, cultural, afectivo, sexual, económico, familiar, etc.

La neuroplasticidad como herramienta que nos permite convertirnos en mejores personas, cambiando malos hábitos por nuevos y más positivos, tienen a la larga, una influencia definitiva en nuestro cuerpo y nuestra mente. El cerebro es posible reprogramarlo en función de lo que queremos hacer. Podemos aprender nuevos idiomas, practicar deportes, estudiar diferentes disciplinas para moldearnos de la manera más inteligente a un mundo cambiante.

Las mentes de los manipuladores, están constantemente acechándonos, aprovechando cada uno de nuestros errores para intentar destruirnos. Por esa razón, la profundización en la práctica de las estrategias de la PNL, es vital para contrarrestar las artes oscuras de las personalidades con psicología oscura, como lo veremos en el próximo capítulo.

5 - CONOCIENDO LA PSICOLOGÍA OSCURA

Tal como hemos venido viendo a lo largo de este libro, la psicología oscura es una especie de anomalía psicológica en algunas personas que muestran una tendencia natural a la manipulación, la mentira, el narcisismo, el maquiavelismo y la psicopatía, que ejercen una violencia no explícita sobre sus víctimas. Los rasgos de empatía, que son los que nos permiten tener una preocupación auténtica por los problemas de los demás, ha hecho que podamos avanzar como civilización.

Las sociedades actuales se basan en el gregarismo, y, por tanto, las conductas sociales se convierten en pilar fundamental para poder mover las sociedades modernas con sus industrias, instituciones académicas, culturales, actividades económicas, comercio, viajes, etc.

En un mundo donde prevalecieran las mentes de psicología oscura, no existiría el avance; es decir, cada cual iría a su bola, pasando por encima de los demás, sin ningún tipo de pena social, ni moral. Sería algo parecido a las estepas africanas donde unos cuantos predadores tomaran sus presas a su antojo sin ningún miramiento.

En la mayoría de sociedades modernas se penaliza la estafa, el engaño, la corrupción y otro tipo de crímenes ejecutados por mentes que hacen parte de la triada oscura de la psicología. Huelga decir que no todas estas personalidades oscuras, son psicópatas. Muchos de ellos son integrados y otros no, generalmente estos últimos están privados de su libertad en instituciones carcelarias o psiquiátricas de nivel alto de seguridad. Los psicópatas integrados, como dice el psicólogo clínico, doctor Robert Hare, quien se ha dedicado a perfilar psicópatas durante muchos años, realizan sus más abyectas acciones, aunque parezca para la mente de una persona normal y corriente, bajo su pleno juicio y decisión:

«Aun así, casi todo el mundo suele opinar que ciertos crímenes brutales, especialmente la tortura y el asesinato, son cosa de dementes, como ilustra la frase «se tiene que estar loco para hacer eso». Quizá sea cierto desde cierto punto de vista, pero no desde el enfoque psiquiátrico o legal. Como dije antes, algunos asesinos en serie están locos. Por ejemplo, piénsese en Edward Gein, cuyos terribles y extraños crímenes sirvieron de base para personajes de libros y películas como Psicosis, La matanza de Texas y El silencio de los corderos. Gein mataba, mutilaba y, a veces, se comía a sus víctimas y fabricaba grotescos objetos —lámparas, ropas, máscaras— con su piel y otras partes de sus cuerpos. Durante su juicio, los psiquiatras de la defensa y de la acusación estuvieron de acuerdo en que era psicótico; el diagnóstico psiquiátrico fue de esquizofrenia crónica y el juez lo envió a un hospital especial para criminales perturbados.

No obstante, la mayoría de los asesinos en serie no son como Gein. Puede que torturen, maten y mutilen a sus víctimas —una conducta increíble que pone a prueba nuestra concepción de la palabra «cordura»—, pero en la mayoría de los casos no hay evidencia de que estén trastornados, mentalmente confusos o de que sean psicóticos.

Muchos de esos asesinos —Ted Bundy, John Wayne Gacy, Henry Lee Lucas, por nombrar algunos— han sido diagnosticados como psicópatas, lo que significa que están mentalmente sanos según los cánones psiquiátricos y legales actuales. Todos ellos fueron enviados a prisión y, en algunos casos, ejecutados. Pero la distinción entre asesinos trastornados y asesinos cuerdos pero psicópatas no está tan clara. Tal diferencia es el resultado de un debate de siglos de duración que, a veces, ha rayado en lo metafísico»[2]

Las distinciones entre las diferentes clases de personalidades oscuras, puede dar luces sobre la razón por la que hacen lo que hacen. Existe la creencia generalizada de que todos los maleantes y criminales son psicópatas. Robert Hare afirma que esto no es cierto, pues existen matices, como en cualquier análisis a la hora de enfrentarnos a la naturaleza y psicología humanas. De cualquier manera, tanto psicópatas como sociópatas y quienes integran la triada oscura de la psicología, tienen en común un factor: la motivación narcisista.

Podría decirse que este tipo de personalidades observan al resto de las personas como un científico lo hace con su objeto de estudio. Con distancia y cierta indiferencia para encontrar los puntos débiles y salirse con la suya. La víctima, a pesar que se engañe a sí misma de que el predador psicológico está preocupándose por ella, está siendo usada como una herramienta para conseguir lo que pretende, sea cual sea el objetivo. Es por ello que las personalidades empáticas, inocentes o buenas, consideren que el manipulador, sociópata, narcisista o psicópata, se comportará tal como él lo haría, pues le resulta imposible creer que alguien no pueda tener el menor rastro de compasión o consideración con otras personas y que nadie puede ser tan egoísta como para pensar primero en sí misma sin preocuparse por lo que sientan los demás.

Los maquiavélicos, suelen fijarse bien en los deseos ajenos, sus ilusiones y esperanzas, para poder usarlos en

---

[2] Sin Conciencia. Robert Hare. Paidós, pp. 26.

44

beneficio propio. Estafadores, líderes políticos, seductores, timadores, charlatanes y criminales que tienen rasgos del tipo de personalidad oscura, conocen bien los puntos débiles de sus potenciales víctimas, por lo que, de esa manera, al haber hecho un análisis de qué pie cojea su presa, poder atacarla de la manera más efectiva.

Hay que tener presente que la naturaleza de las personalidades oscuras funciona tal como en la naturaleza lo haría la de un animal de presa. El empático-víctima, se confía y muestra su cuello al manipulador-predador. Éste, en lugar de poner en su cuello una joya lujosa y resplandeciente, se lanzará para poder alimentarse, algunas veces no solo de su cuerpo —como en algunos casos de psicópatas y asesinos que veremos más adelante—, sino también de su alma, sus sentimientos y emociones.

Tal como afirma el doctor Iñaki Piñuel, eminente psicólogo español, discípulo de Robert Hare: "los psicópatas, son auténticos predadores de la raza humana, y anomalías en el mundo de la psicología humana".

6 - ENTENDIENDO LAS TÉCNICAS DE MANIPULACIÓN PSICOLÓGICA Y PNL

Un aspecto que resulta fascinante en la psicología oscura, tiene qué ver en cómo estos individuos usan técnicas que se aplican al PNL, para ejercer su manipulación psicológica sobre sus víctimas. Influenciar emocionalmente a sus víctimas, es la estrategia más común usada por las personalidades manipuladoras. Esta agenda encubierta, solo la conoce el manipulador. La víctima considera que esa persona amable, comprensiva, empática y que parece tan preocupada por los asuntos de su vida, es un buen ser humano.

Pero las intenciones del manipulador, son otras: lo que pretende es ganarse poco a poco la confianza de la víctima para conseguir lo que quiere. Pueden ser múltiples las motivaciones que llevan a una personalidad maquiavélica y manipuladora, a querer tomar el control absoluto de los pensamientos y cada aspecto de la vida de otra persona.

Siempre usará una máscara para pasar desapercibido, ocultando su verdadero rostro. Cualquiera que sea el punto débil de la víctima, el manipulador lo aprovechará para tomar el control. Si una persona se muestra frágil emocionalmente, sea cual sea su razón: una crisis económica, una ruptura sentimental, una pérdida de un ser querido, el despido de su trabajo, etc., el depredador emocional lo tendrá en cuenta. Podrá ofrecer su apoyo sin límites para escuchar a la víctima descargar sus frustraciones, temores y miedos; le tenderá la mano con apoyo económico para conseguir que, de esa manera, la vulnerabilidad financiera sea el escalón perfecto para poder tomar el mando de la vida ajena.

La PNL y sus técnicas, ofrecen una estrategia efectiva para que los integrantes de la psicología oscura las apliquen como método de control psicológico. Como vimos en el capítulo anterior, la PNL permite moldear el cerebro, reprogramándolo por medio de técnicas de lenguaje tanto verbal como no verbal. Teniendo en cuenta el poder de la palabra para introducir anclajes en la mente, esto es, puntos de apoyo para empezar a escalar hacia lo que los expertos llaman plasticidad cerebral, los manipuladores la usan, así como todo su encanto superficial y banal, para poder seducir a sus potenciales víctimas.

Por lo general, las personalidades de la triada oscura, suelen tener una gran capacidad de empatizar con sus víctimas. Son elegantes, carismáticos y tienen una habilidad psicológica para poder encajar con los intereses particulares que tiene su presa, para de ese modo, tomar ventaja. Muchas personas han caído en la trampa de estos individuos con psicología oscura. En nuestro tiempo, donde las aplicaciones de citas y redes sociales están a la orden del día, estas personalidades oscuras abundan, haciendo alarde de su potencial tóxico y negativo.

Testimonio de una víctima de manipulación

«Mi nombre es Karen (nombre ficticio) y tengo 20 años. Soy una estudiante de comunicación social y periodismo. Aunque no suelo estar en aplicaciones de citas, un día que estaba bastante aburrida decidí entrar a una de estas, que es muy popular. Empecé a deslizar perfiles de hombres que me parecieron muy interesantes. Me detuve en uno que me llamó poderosamente la atención. "Hola, me llamo Erik, tengo 32 años. Soy médico cirujano, escritor, músico, apasionado por el fitness y aventurero irredimible. Me gustan los detalles, las citas apasionadas y soy un romántico empedernido. Me gustaría compartir contigo un momento especial".

»Este hombre era el prototipo del galán que idealizamos todas las chicas en la adolescencia: guapo, alto, musculoso, con gusto para vestir y elegancia —llevaba un reloj bastante lujoso que parecía de oro—, además de ser un hombre con un futuro financiero y profesional. Así que pensé que no perdía nada si hacía match con aquel chico, bueno, en realidad era un hombre que estaba en una etapa muy interesante. Le di un like y unos minutos después, Eric me escribió. "Vaya, no puedo creer que una diosa se fije en un mortal como yo", me respondió. Me reí, pues lo tomé como un cumplido exagerado. Luego de unos minutos chateando con él, me sentí muy cómoda.

No podía decir qué era lo que me hizo sentir tan cómoda, pero quería seguir hablando con aquel hombre. Empecé a idealizarlo. Me contó cómo había trabajado en un barco pesquero a lo largo de Asia y África; fue soldado en Afganistán; estudiaba piano desde los tres años; escribió seis libros y todo eso lo había hecho en un tiempo relativamente corto, complementándolo con su carrera de médico cirujano. Había algo que yo sospechaba, no cuadraba bien con la historia. Sin embargo, seguí hablando con él.

Un día Eric me escribió que vendría a mi ciudad. Decía que vivía en Madrid, pero vendría a Nueva York por un seminario de cirugía internacional. Sentí mariposas en el estómago. Compré ropa para la cita de mi vida. Soñaba despierta con la vida que tendría al lado de Eric, el hombre ideal: el matrimonio en la Catedral de Sevilla, que era, según él, su sueño, la luna de miel en Bali, los hijos que tendríamos, quería una niña y un niño, la casa donde viviríamos, a orillas del Mediterráneo, en Italia, etc. Muchas veces durante las clases online, mi profesor me tuvo que llamar la atención, pues parecía estar soñando siempre. Yo tengo grandes habilidades comunicativas, por lo que mis notas académicas son siempre por encima del promedio, pero Eric, parecía tener un arsenal de giros, palabras, expresiones y todo tipo de ocurrencias verbales que me desconcertaban.

»Eric me dijo que no podría viajar a Nueva York. Tenía una calamidad grave, un problema de salud con su padre que lo había pillado en medio de un transbordo en el aeropuerto, donde había perdido sus maletas con el dinero y sus tarjetas. Entonces, como llevábamos varios meses hablando diariamente, me preguntó si podía hacer algo por él; algo que me agradecería toda la vida. Le dije que claro que sí. Me pidió 300 dólares para poder salir del problema. Dado que mi familia tiene cierto nivel económico y yo tengo un emprendimiento que me genera ganancias mensuales, pensé que prestarle a Eric los 300 dólares tampoco serían mayor problema. No era el tipo de hombre que parecía tener problemas económicos, entonces le envié el dinero.

»Al día siguiente, me di cuenta que Eric no estaba. Algo parecía haber pasado con él. Le escribí por WhatsApp y ya no estaba su foto en el yate, con gafas de sol y tomando champán, que solía ver todos los días. Le escribí por el resto de sus redes sociales, pero estaban inactivas. Mi corazón se convirtió en un nudo de angustias y tuve ganas de llorar. Eric, el prototipo de hombre ideal, el que había soñado para tener hijos y vivir a orillas de una casa con vistas al mar, había desaparecido.

Unos días después, mientras estaba buscando información para escribir una nota para mi tesis de grado, leí una noticia en un portal de Internet. "Hombre se dedicaba a estafar mujeres en popular red social de citas". No podía creer lo que estaba leyendo. Eric era en verdad un hombre que trabajaba como mesero en Barcelona, España. Elaboró un perfil atractivo con fotografías sugerentes y una biografía impresionante. Además, sus rasgos físicos y su carisma, eran la carnada perfecta para mujeres que querían una relación con un hombre de alto estándar:

"El estafador de esta red social, quien se hacía llamar Eric, en realidad su nombre es Sebastián y había suspendido su carrera como enfermero para explotar su atractivo, seduciendo mujeres de todo el mundo. Aunque el delito por el que se le acusa en muchos países es excarcelable, razón por la que no es posible detenerlo, su perfil ya está expuesto en grupos de Instagram y Facebook para advertir a las mujeres de este depredador, emocional y financiero".

Después de esta experiencia, juré no volver a usar ninguna aplicación para citas.»

En este testimonio es posible analizar la mente de una personalidad oscura, que aprovecha sus características que lo hacen atractivo al sexo opuesto, para manipular y llevar a su terreno a mujeres que idealizan las relaciones afectivas. Según los postulados de la PNL, la mente y lo que pensamos, influye en el cuerpo. Este es para muchos médicos, lo que origina las enfermedades psicosomáticas, que lleva a muchas personas que padecen hipocondría a buscar consultas en centrales de urgencia, haciendo que el sistema sanitario se vea afectado por falsas alarmas médicas. Es decir que la mente proyecta y plasma en el cuerpo todo lo que crea.

El proceso mediante la mente consciente influye para plasmar una especie de sello en la memoria que haga que perdure un recuerdo, una idea, una imagen o cualquier otro tipo de proceso cerebral, se produce posteriormente, de manera inconsciente. Esto significa que el esfuerzo inicial que hacen los sentidos para crear ese punto de recuerdo en el córtex cerebral, aunque al principio es totalmente consciente y racional, luego de pasar por ese filtro, se vuelve automático e inconsciente. Esto hay que entenderlo en el sentido de que no está siendo continuamente puesto en primer plano, sino que, tal como pasa en los procesos de la informática, queda en segundo plano en la memoria. La PNL se parece mucho a la programación de software. Al fin y al cabo, el cerebro es lo que más se parece a un hardware y la información que ponemos en él, y lo que introducimos en él, es prácticamente un software.

Es importante saber que la PNL no pretende adentrarse en la compleja arquitectura de cómo funciona el cerebro; de lo que se trata es de optimizar los procesos y el funcionamiento para mayor conveniencia de lo que necesitamos. Del mismo modo que un gran artista, científico o intelectual entrena su cerebro para poder realizar su trabajo, así los manipuladores usan la plasticidad del cerebro por medio de la PNL, para controlar el cerebro de sus víctimas y alcanzar los maquiavélicos objetivos de su agenda oscura y secreta.

Siempre que conocemos por primera vez a una persona, nuestro inconsciente queda marcado a fuego, no solo por su aspecto personal: su vestimenta, su carisma y su personalidad, sino, sobre todo por su lenguaje verbal y no verbal. Por lo general las personas carismáticas y de personalidad atrayente, suelen tener una gestualidad característica y un léxico bastante personal. Esto es justo lo que hace la PNL en nuestro cerebro: moldearlo de acuerdo de lo que éste lee del mundo que lo rodea.

Dentro de la PNL hay un concepto conocido como rapport, lo que significa sintonizar. El cerebro, cuando conocemos a alguien por primera vez, se lleva una serie de señales para organizar un mapa mental de esa persona para grabarlo en la memoria. Tanto el lenguaje verbal como no verbal, conforman una suerte de líneas maestras que se grabarán en el inconsciente, por lo general, de forma definitiva. Por esta razón es que se afirma, con gran sabiduría, que la primera impresión resulta decisiva y no existe una segunda oportunidad para ello, pues el cerebro está diseñado para tomar esa primera impresión poderosa como algo radical para nuestra memoria.

Muchos estudiosos de la hipnoterapia clínica como Milton Erickson, durante los años setentas, llegaron a la conclusión en la práctica de una técnica psicológica conocida como coincidencia y reflejo. Según esta, tanto los gestos verbales como no verbales que hace una persona, influyen en el cerebro de las otras. Esto incluye el matiz de voz, el accionar que se hace con las manos, el movimiento de la cabeza, los gestos, las miradas, etc. Las neuronas espejo suelen copiar todos los gestos de las personas nuevas que conocemos a lo largo de nuestras vidas. La imitación corporal es un rasgo que los primates heredaron y que aun, luego de miles de años de evolución, sigue teniendo un gran poder. Es por eso que, de manera inconsciente, nos sentimos identificados con las personas que copian nuestros gestos al hablar.

Esto lo saben los manipuladores y personas de la triada oscura de la personalidad. Son muy hábiles usando este gesto poderoso para lograr empatizar con sus potenciales víctimas. Los actores y los políticos, así como otras personalidades con gran carisma, conocen bien el poder de esta técnica de imitación para poder conectar mucho más rápido que si lo hicieran conociendo a la otra persona. Del mismo modo que durante una sesión con un terapeuta, al pedirnos que pensemos en algo determinado, por ejemplo, una casa, las imágenes que llegan nuestra memoria son diferentes para cada uno: algunos recordarán el olor, otros un cuadro que había en el salón, otros la música que sonaba o la comida que estaba servida en la mesa del comedor, etc.

En la PNL, no todos los sentidos tienen la misma importancia para todas las personas; cada uno de nosotros desarrolla más uno que el resto. De acuerdo a esa representación, los manipuladores e integrantes de la triada oscura de la personalidad, usan esto para influir más o ganarse más la empatía de las personas con las que interactúan. De acuerdo al sentido que más influencia tenga, el concepto de rapport que vimos anteriormente, será usado por el manipulador para conseguir calar en la mente ajena. El manipulador juntara deliberadamente esos fragmentos en la mente de una persona, hasta llegar a tener control total de esta.

Es un proceso lento. La sensorialidad será explotada en función de la agenda que tenga en mente para esa persona el manipulador. Cuando la haya estudiado, analizando su gestualidad y sus gustos, sus puntos débiles, entonces lo irá llevando por el camino que le parezca más adecuado.

Las habilidades del manipulador para introducir literalmente, en los cerebros ajenos, conceptos e ideas propias para poder usarlos a su favor. Existen dos técnicas maestras que son casi que una llave que permite abrir cualquier mente, para cambiar sus patrones y sistema de ideas y de valores.

1. Potenciar lo positivo y apagar lo negativo:

Como su nombre lo indica, esta técnica tiene qué ver con hacer que las imágenes, recuerdos, sonidos, sabores y olores positivos asociados a una persona o situación, tengan influencia en otras personas. Haciendo que la impronta de los recuerdos asociados a una situación, preferiblemente en la que el lector sea el protagonista, respecto de la otra persona a la que queremos influir positivamente.

Esto hará que los recuerdos asociados como la música, las imágenes, el olor, las percepciones del tacto y las sinestesias, es decir, los elementos que pueden compartir un sentido con otro, estén asociadas a lo positivo en relación a usted como centro de la situación.

Por otra parte, lo negativo, se debe hacer que se disipe en el tiempo, haciendo que la persona a la que se quiere influir, olvide aspectos de tipo desagradable para los cinco sentidos. Esto hará que tengamos una impronta positiva en las personas que elegimos para marcarlas con nuestra presencia.

2. Crear motivación:

Los manipuladores a partir de los recuerdos positivos para la otra persona, crean motivaciones, estimulando los lóbulos del cerebro que vuelven a revivir dichas sensaciones. Esto hará que el cerebro de la otra persona quiera volver a estar y reactivar esos recuerdos y buenas memorias, sintiéndose motivadas por el manipulador. Esto parte del principio de iguales, es decir, que una emoción positiva siempre creará otra igual.

CAPÍTULO 2 : GENEALOGÍA DE LA PSICOLOGÍA

2.1 Genealogía de la psicología

La psicología es una disciplina que parece tan antigua como el ser humano. El origen de la palabra psicología en el ámbito académico se remonta al siglo XVIII con el filósofo Christian Wolff (1679-1754), quien usó el término en dos de sus obras, Psychologia empírica. (1732) y Psychologia rationalis (1734).

Sin embargo, sus principios fundamentales vieron la luz a finales del siglo XIX, cuando algunos escritores y pensadores, como el filósofo pragmatista William James (1824-1910), empezó a establecer sus bases. Pero para los académicos y pensadores, sin lugar a dudas fue Sigmund Freud (1856-1939) el padre del psicoanálisis y precursor de los estudios de la mente y el comportamiento humanos.

La etimología de la palabra psicología, proviene de los vocablos griegos psykhé (alma, actividad mental), y λογία, logia, (tratado o estudio). La psicología se encarga de estudiar el comportamiento y las conductas de los diferentes grupos humanos. En sentido estricto, no se podría considerar una ciencia, pues no existe un método que pueda predecir o regir el comportamiento de la mente humana, en ese sentido, podría decirse que es una disciplina paracientífica, es decir, que usa los métodos de la ciencia, pero no tiene el rigor para ser considerada como tal.

Se podría decir que existen dos grandes conceptos fundamentales, que se pueden aplicar al estudio de la psicología: los psicólogos que destacan el análisis subjetivo, con fenómenos como la proyección de los pensamientos, y los que firman que la psicología debe ser una ciencia cuyos principios sean puramente experimentales y empíricos.

En términos mucho más globales, desde su origen, han existido diferentes ramas o disciplinas derivadas del tronco común de la psicología, tales como:

Siglo XVIII: el asociacionismo del pensador alemán Johann Friederich Herbart (1776-1841), crítico del idealismo de Schelling, Fichte y Hegel, adscrito al pensamiento crítico y realista de Immanuel Kant (1724-1804), quien afirma en sus trabajos que los procesos mentales están cimentados en el racionalismo empirista.

Siglo XIX:

- 1879, psicología experimental, W. Wundt
- 1890, psicología funcionalista, William James (James Rowland Angell, 1907)
- 1898, estructuralismo, Edward Titchener
- 1896, psicoanálisis, Sigmund Freud
- Siglo XX:
- 1911, psicología aplicada, Hugo Münsterberg25
- 1913, conductismo, John Broadus Watson
- 1927, psicología histórico-cultural, Lev Vygotski
- 1940, terapia Gestalt, Fritz Perls

- 1953, terapia conductual, Lindsley, Skinner y Solomon

- 1954, terapia racional emotiva conductual, Albert Ellis

- 1955, constructivismo, Jean Piaget y George Kelly

- 1960, terapia cognitiva, Aaron T. Beck

- 1962, psicología humanista, Asociación Estadounidense de Psicología Humanista

- 1967, psicología cognitiva, Ulric Neisser

- 1973, neuropsicología, Alexander Luria26

- 1986, conexionismo, Grupo de Investigación PDP

- 1990, psicología positiva, Martin Seligman

- 1992, psicología evolucionista, Barkow, Cosmides y Tooby.

- La psicología en el siglo XXI

El advenimiento de la tecnología y sobre todo de la virtualidad, ha hecho que la psicología tenga un nuevo giro en el siglo XXI. La aparición de nuevas técnicas de la ciencia médica, sobre todo la neuropsiquiatría y la neuropsicología, han dado pie a nuevas y revolucionarias teorías e hipótesis sobre la relación entre la mente humana y la virtualidad.

La psicología social con enfoques progresistas de género y minorías, es uno de los focos del análisis del siglo XXI. La neurociencia social, por ejemplo, es uno de los nuevos enfoques psicológicos en la actualidad. Así, el estudio de los procesos psicológicos tiene un enfoque específico dentro de la psicobiología y la neurociencia.

Los fenómenos humanos se dan como causa de procesos cerebrales, por esta razón, solo se pueden abordar para darles una explicación objetiva a partir de las ciencias naturales.

La tecnología actual permite dar una explicación más plausible a las grandes preguntas de la psicología: ¿Dónde está la mente? ¿La consciencia sobrevive a la muerte cerebral?, etc.

Cada vez más existen mejores y más precisas herramientas tecnológicas que lo único que hacen es ampliar más la brecha entre nuestras dudas y las certezas.

En el siglo XXI, la psicología tendrá que enfrentarse a convivir con la tecnología y la virtualidad, como el metaverso y la realidad aumentada y otras tecnologías y estudios psicológicos que están en fase experimental ahora. Pese a que, desde los orígenes de la psicología y el estudio del comportamiento humano, se ha intentado avanzar en la comprensión de la mente humana, hoy ninguna escuela psicológica ha podido dar cuenta de porqué existen comportamientos anómalos en la mente del ser humano.

Esta seguirá siendo un enigma para los científicos y filósofos. Psicólogos, filósofos y escritores, seguirán pensando y analizando sobre las diferentes anomalías dentro del espectro del comportamiento y de la mente humana, tales como los psicópatas, narcisistas, manipuladores e integrantes de la personalidad de la triada oscura de la personalidad.

2.2 Como funcionan las mentes de los asesinos en serie

Los asesinos en serie son uno de los fenómenos más apasionantes para los estudiosos de la mente humana. Aunque la psiquiatría forense ha realizado investigaciones sobre el funcionamiento de las mentes de estos individuos, aun no se ha llegado a determinar cuáles son las causas de la patología mental que padecen. Los psicólogos y psiquiatras, consideran que el rasgo fundamental de un psicópata y asesinos seriales, es la atención y el control sobre los demás. La manipulación total de los otros, es el objetivo principal de estos individuos.

Se afirma que los asesinos seriales y psicópatas no tienen sentimientos, sin embargo, eso no es cierto: lo que no existe en la mente de estas personas es empatía por los sentimientos ajenos, solo se interesan por los propios. La conciencia que tienen estas personalidades oscuras respecto a sus actos, es algo que durante años ha inquietado a los psicólogos y psiquiatras. Sin embargo, el asesino en serie, aunque se lo pinte con el título de "psicópata loco", sabe muy bien cada paso que da y por qué razón lo da.

El psicópata no está en un mundo de delirios ni de fantasías: por el contrario, conoce muy bien qué es exactamente lo que quiere de sus víctimas. Para estos sujetos no existe una enajenación propia de las enfermedades mentales, sino que todos los pensamientos están bien organizados para conseguir la manipulación y sometimiento de la voluntad por parte de sus víctimas. A diferencia de casos de patologías mentales como los trastornos propios de la esquizofrenia, donde estos pacientes pueden decir que estaban escuchando voces o que una presencia les ha ordenado cometer los actos que pueden llevar a cabo durante los episodios psicóticos, el psicópata integrado o no, hace todo desde la razón, aunque pueda parecer retorcida e inmoral para el resto de los seres humanos.

La mayor parte de los asesinos en serie, durante los juicios llevados a cabo tras sus crímenes, aunque sean de la mayor atrocidad y crueldad de estos, para sus mentes son parte de un plan, de una agenda que tienen programada de acuerdo a las necesidades que tengan para sí en ese momento: estas pueden ser económicas, sexuales, laborales o simplemente por aburrimiento.

La personalidad de un psicópata, siempre suele ser atractiva y simpática. Es normal que pretenda caer bien, ganarse la confianza de su víctima siendo amable, cordial, siempre atento y con un carisma muy atractivo. Pero como se ha venido diciendo a lo largo de este libro, esto solo es una forma más de manipulación psicológica.

La evaluación hecha por el doctor Robert Hare, se ha convertido en el patrón inicial para poder ponerla dentro de la escala de psicopatía desarrollada por él. Entre más alta sea la puntuación que alcance una persona, más posibilidades tiene de ser un psicópata.

Test de Psicopatía de Hare: https://www.psicologia-online.com/test-de-psicopatia-de-robert-hare-3959.html

(Marque con una X el número siendo 1 el menor valor y 3 el mayor valor)

1. Siento que soy una persona encantadora hacia los demás

2. Creo que valgo más que las otras personas

3. Tengo tendencia al aburrimiento, necesito estimularme constantemente.

4. No puedo evitarlo, miento en muchas ocasiones de manera constante e incluso patológica

5. Siento un cierto nivel de bienestar cuando soy el/la líder y manipulo a los demás

6. No suelo sentir ni culpa ni remordimientos

7. Cuando siento algún tipo de emoción, no suele ser muy profunda

8. Siento que puedo llegar a ser muy insensible y me cuesta tener empatía hacia los demás

9. Me cuesta admitirlo, pero suelo relacionarme con los demás para sacar algún tipo de provecho

10. Cuando me pongo nervioso/a me cuesta mucho controlarme y puedo llegar a estallar en cualquier momento

11. Considero que mi conducta sexual es bastante promiscua

12. Me cuesta controlar mis impulsos

13. Siento que no tengo metas realistas a largo plazo

14. Me considero una persona que actúa antes de pensar en las consecuencias

15. Me cuesta asumir responsabilidades externas

16. Siento que soy incapaz de aceptar la responsabilidad de mis propias acciones

17. Mis relaciones amorosas han sido relativamente cortas

18. Cuando era más joven, había sido un delincuente menor

19. He abusado de drogas o alcohol en algún momento de mi vida

20. He tenido conductas criminales de distinta naturaleza

2.3 Perfiles de asesinos famosos:

Las personalidades de los psicópatas y asesinos seriales, suscitan fascinación en gran parte de las personas, por la crueldad y atrocidad con la que llevaban a cabo sus actos. Muchas personas se pueden llegar a preguntar: ¿Qué puede diferenciarme a mí, una persona común y corriente si comparo mi perfil con cualquiera de los psicópatas y asesinos seriales más conocidos de la historia?

Jack El destripador:

En la Londres de la era victoriana, un misterioso asesino se hizo famoso por matar prostitutas de manera serial, que iban apareciendo en el barrio de Withechapel, en la zona del East End de la capital británica. Del responsable verdadero de los crímenes no se sabe nada, hoy a más de 130 años de haber sucedido. La única certeza acerca de Jack el Destripador, es que están relacionados con los once crímenes que para la historia pasaron a llamarse como "los crímenes de Whitechapel". Sin embargo, los investigadores y escritores que han hecho correr tinta sobre el asunto, solo concuerdan en que, de estos crímenes, cinco eran de su autoría: Mary Ann Nichols, Annie Chapman, Elizabeth Stride, Catherine Eddowes y Mary Jane Kelly, eran todas prostitutas y lo único en común que las unió fue el modo de su lamentable muerte.

Ed Gein, El carnicero de Plainfield:

Este asesino en serie es uno de los más perturbadores entre todos. Su comportamiento brutal y grotesco, inspiró la película de Psicosis, así como American Physcho y El silencio de los inocentes. En uno de los pueblos de Wisconsin, apareció un hombre misterioso y oscuro, que alteraría el orden y la tranquilidad de la vida del apacible villorrio. Cuando la policía empezó a hacer las pesquisas basadas en denuncias de personas que estaban desaparecidas, finalmente dieron con una granja, encontrando en la planta baja de la propiedad un hallazgo macabro: distintos artículos hechos a partir de piel humana y restos como cráneos, algunos que incluso servían como lámparas. Aunque se dijo que Ed Gein practicaba la necrofilia con los cadáveres de las mujeres que asesinó, esto no se logró demostrar de manera fehaciente. Dentro del perfil forense que se hizo de este asesino, se afirmó que tenía una relación de Complejo de Edipo con su madre. Luego de ser enjuiciado, Ed Gein terminó sus días en un asilo psiquiátrico el 26 de julio de 1984.

John Wayne Gacy, El payaso asesino:

Una de las figuras que se asocia en muchas sagas de terror son los payasos. El origen de esta asociación tiene que ver con los crímenes cometidos por John Wayne Gacy. Este asesino serial nacido en 1942, en Chicago. La historia de maltrato por parte de su padre alcohólico, quien lo humillaba y lo golpeaba cuando llegaba ebrio a su casa, traumatizó a este futuro asesino. Aunque se casó a los veinte años de edad, su carrera criminal empezó abusando de dos jóvenes varones menores de edad. Su sentencia fue de diez años en la cárcel, sin embargo, a los dieciséis meses, a causa de su buena conducta como prisionero, fue dejado en libertad condicional.

Trabajando como empleado en una cadena de comidas rápidas, se ganó la simpatía de las gentes de su pueblo, animando de vez en cuando fiestas infantiles vestido como payaso, una suerte de alte ego que bautizó como Pogo. A finales de 1978, la policía hizo un allanamiento en la casa de Pogo el payaso asesino, es decir, Gacy: en los terrenos de su patio trasero, enterró algunos de los cuerpos de 33 jóvenes de 15 a 21 años; otros los sepultó en las riberas del río Des Plaines.

Pese a que durante el juicio alegó que sufría de un trastorno esquizoide de personalidad, aduciendo que Pogo, el payaso, era quien lo llevaba a cometer los crímenes atroces, el jurado no le creyó y fue condenado a pena de muerte. John Wayne Gacy, alias Pogo el payaso asesino, Murió por inyección letal en 1994.

Ted Bundy:

Uno de los asesinos seriales más encantadores, que aplicó todas las técnicas de los manipuladores, narcisistas, maquiavelistas y personalidades de la triada oscura, fue Ted Bundy. Theodore Robert Cowell, nombre de pila del asesino, nació en Burlington, Vermont. Fue un brillante estudiante de Derecho y psicología. Su físico atractivo, su carácter y carisma, lo hacían muy popular, sobre todo entre las mujeres. Era el hombre perfecto que toda chica quería tener. La ruptura con una de sus novias, Stephanie Brooks, dicen los expertos, pudo haber sido uno de los detonantes del desequilibrio de Ted.

Luego de despedirse de su ex novia, Stephanie, Ted Bundy empezó su carrera sangrienta que lo llevaría a ser conocido como uno de los más crueles asesinos seriales de la historia moderna. En 1974, Bundy inició su palmarés criminal, atacando a una mujer de nombre Joni Lenz, con una barra de hierro para luego abusar sexualmente de esta.

Bundy fingía ser un hombre con un brazo en cabestrillo para pedir a mujeres jóvenes, por lo general trigueñas, que lo ayudaran con la avería de su automóvil para luego secuestrarlas, violarlas y asesinarlas. Usando un uniforme de policía, logró persuadir a varias de sus víctimas. Sin embargo, en 1975, ese cambio en su modus operandi, hizo que una patrulla de policía real, lo atrapara con elementos que coincidían con las pesquisas forenses con él como principal sospechoso.

Luego de su confesión de 30 asesinatos de mujeres, Bundy fue llevado a juicio. En 1976 fue juzgado a quince años de prisión por sus delitos, pero logró fugarse de la cárcel; luego de su captura escapó dos veces, en 1977, hasta ser atrapado de nuevo por la policía. Tras un largo juicio, Bundy fue condenado a morir en la silla eléctrica en 1989.

Jeffrey Dahmer:

Conocido como El Carnicero de Milwaukee, Jeffrey Dahmer ha ganado nuevamente popularidad por una miniserie sobre sus crímenes. Nacido en Milwaukee en 1960, Dahmer, mostró un gran amor inicialmente por los animales. Mientras sus padres discutían, y su relación se iba al traste, el niño Jeffrey se internaba en los bosques para alimentar su introversión. Su comportamiento se tornó oscuro y perturbador: Jeffrey empezó a recoger animales muertos para diseccionarlos.

A medida que crecía, Dahmer, empezó a sentir atracción por otros jóvenes. Fantaseaba con tener sexo duro, pero también estaba un morboso impulso de muerte dentro de sus retorcidos deseos. Para evadirlos, así como las constantes peleas de sus padres, empezó a beber de manera compulsiva.

Los impulsos necrófilos y homosexuales de Dahmer, lo llevaban a buscar víctimas en bares populares de esta tendencia. Allí concertaba los encuentros, para luego llevarlos a su departamento, donde los asesinaba sin piedad. Los cuerpos los ponía en la nevera luego de destazarlos. El mal olor de la carne en putrefacción, llamó la atención de sus vecinos. El modus operandi con sus víctimas estaba centrado en sus motivaciones homosexuales. Luego de ligar en los bares, los llevaba a su casa; luego, empezó a darles dinero para que fungieran como modelos eróticos.

Dentro de la lista de hombres asesinados por Dahmer, se encuentran: Richard Guerrero, James Doxtator, Anthony Sears, Raymond Smith, Edward Smith, Ernest Miller, David Thomas, Curtis Straughter, Errol Lindsey, Konerak

Sinthasomphone, Tony Hughes, Oliver Lacy, Matt Turner y Joseph Bradehoft.

En 1991, Dahmer conoció a un joven afroamericano, Tracy Edwards, a quien le propuso darle 100 dólares para que posara como modelo. Un giro en los acontecimientos, hizo que el joven lograra escapar y buscar a una patrulla de policía para indicarles luego el lugar donde Dahmer llevaba a sus víctimas para matarlas. Uno de los policías se percató del mal olor, además, de unas fotografías donde estaban cuerpos desmembrados. Ese hecho hizo que Jeffrey Dahmer, El carnicero de Milwaukee, fuera finalmente apresado tras haber matado a once hombres.

Durante el juicio, Dahmer reconoció haber tenido actos necrófilos y prácticas de canibalismo con los hombres que mataba. Tras ser enjuiciado por cerca de quince crímenes, sería condenado al mismo número de cadenas perpetuas. Corría el año de 1992. Dos años más tarde, durante una pelea intramuros con otro reo, Jesse Anderson, lo hirió con una barra metálica en la cabeza, según dijo "porque Dios me lo ordenó", ya que conocía por la prensa sobre los crímenes atroces de Dahmer, así que tomó la decisión de ajusticiarlo.

2.4 Políticos manipuladores: Hitler, Stalin, Mao, Fidel Castro, etc.

Otra actividad que resulta perfecta para los psicópatas, manipuladores y personas de la triada oscura, es la política. El uso de los recursos verbales, gestuales y simbólicos, hace que en este campo se hayan dado casos de psicópatas que llegaron al poder por medio de la manipulación y la mentira. En la política y las campañas electorales, así como en la ejecución del poder desde el gobierno, resulta importante la comunicación a través de los medios disponibles. Es preciso manipular para conseguir la persuasión de los votantes. La manipulación está integrada en la genética de los seres humanos. Lo aprenden los niños pequeños con rapidez: al llorar, patalear o llamar la atención de su madre, consiguen comida, protección y atención.

Es necesario que el receptor del mensaje del político sea sumiso y se muestre dócil e indefenso. El mesianismo político resulta más sencillo para las masas que usar el sentido crítico. Esto hace que muchas personas apoyen la demagogia populista, que ofrece un proteccionismo estatal de los más vulnerables y clases menos favorecidas.

El líder político tiene que mostrar altruismo e identificarse con el pueblo raso. Para ello, es necesario hacerle creer al votante que éste lo necesita en su vida para ayudar a liderarla. Hay una identificación con los objetivos del votante, una noción de sacrificio por medio del cual, dice, solo obtendrá satisfacciones espirituales y morales, o bien, trabajar por el bien de la patria.

Los grandes manipuladores políticos suelen usar el victimismo para conseguir la simpatía de los votantes. También, argumentan combatir a sus enemigos políticos que los quieren destruir. Para tal efecto, tópicos como las sociedades secretas, la oposición, la injerencia de gobiernos extranjeros, toman la forma del enemigo.

Dentro de algunos grandes manipuladores de la historia podemos encontrar a:

Adolfo Hitler:

Durante sus discursos en Munich, argumentaba que los judíos y los comunistas llevarían a la ruina a la Alemania empobrecida tras El Pacto de Versalles. Bajo este discurso de ser perseguido y luego encarcelado por intentar un golpe de estado, se ganó la simpatía del ala conservadora que estaba harta de las políticas de izquierda. Al salir de la cárcel donde escribió su libro más famoso: Mi Lucha, hizo una alianza con Paul Von Hindenburg, figura cimera en la política alemana, quien le dio su apoyo irrestricto. Finalmente, en 1933, Hitler logró hacerse con el poder en la figura de canciller del Reich Alemán. Seis años después, desató una de las guerras más cruentas de la historia, que dejó millones de muertos.

Fidel Castro Rus:

Fidel Castro también consiguió hacerse con el poder mediante la manipulación y las habilidades verbales y simbólicas. Consiguió integrar un grupo de sublevados contra el gobierno de Fulgencio Batista. Se caracterizó por ser un hombre de gran carisma, habilidad verbal y capacidad de liderazgo, lo que lo convertiría en el encargado del gobierno que quitó al dictador cubano. Sin embargo, sus métodos de administrar justicia, así como la característica del modelo dictatorial comunista, ha hecho que Fidel Castro sea reconocido como uno de los más férreos tiranos de izquierda de toda la historia, tras permanecer desde 1959 hasta su muerte en el año 2016.

Josef Stalin:

Fue el jefe del estado soviético, tanto en el rol de secretario general del Comité Central del Partido Comunista de la Unión Soviética entre 1922 y 1952, y como presidente del Consejo de Ministros de la Unión Soviética entre 1941 y 1953, año de su muerte. Como la mayoría de líderes políticos, sus facetas lo convierten en una persona con claroscuros: como dirigente férreo de su nación, consiguió posicionarla tras la Segunda Guerra Mundial en una de las potencias militares y nucleares del mundo, sin embargo, en materia de libertades individuales y de crecimiento económico per cápita, su país estuvo siempre rezagado respecto a la riqueza de las potencias occidentales. Fue muy hábil como gestor de su propia imagen, exhibiendo un culto a la personalidad constante y haciendo uso de todos los elementos a su mano para ejercer el poder con mano de hierro, ejecutando incluso a personas de su círculo más íntimo para lograr sus objetivos. Entre sus principales crímenes están la purga que hizo al interior del partido en los años treinta, así como el holocausto contra el pueblo ucraniano, llamado también Holodomor que llevó a la muerte por inanición a cerca de 12 millones de personas.

Mao Tse Tung:

Fue uno de los artífices de la cohesión de China como potencia industrial, fundando a través de sus políticas e ideología, la estructura de la República Popular China. Erigiéndose como uno de los principales filósofos del resurgimiento de China como referente entre los principales países del mundo, Mao consiguió la proeza de ser el timonel de la nación más poblada del mundo. De cualquier manera, la necesidad de conseguirlo, no le llevó a tener compasión con las necesidades de la población, llevando a la muerte por hambre a millones de campesinos, quienes tenían que entregar sus herramientas de trabajo a los miembros del partido que requerían completar sus estadísticas de industrialización como potencia del acero y otros minerales.

2.5 Cómo entiende el perfilador la manipulación psicológica

La psiquiatría moderna se ha ocupado del tema de los psicópatas integrados y no integrados para conseguir entender las profundas motivaciones de estos sujetos oscuros. Quizá uno de los más complejos asuntos es conocer cuáles son los motivos reales de la manipulación que ejercen los individuos de la triada oscura y los psicópatas y narcisistas. Algunas veces existe cierta dificultad al momento de realizar el perfil de la personalidad para enmarcarla dentro de alguna de las categorías existentes: narcisista, psicópata integrado o no integrado, manipulador, personalidad esquizoide, etc.

No existe una receta. Es algo que cualquier psiquiatra con suficiente experiencia considerará para poder realizar su categorización de acuerdo al perfil que se le ofrece. En ocasiones, según el experto psicólogo clínico y psiquiatra forense Robert Hare, algunos individuos simulan ser psicópatas, pero existen rasgos marcados que hacen que cuando un experto tenga en frente a uno de estos individuos, no dude en catalogarlo dentro de la categoría de un psicópata.

A pesar de que para cada manipulador y psicópata existen diferentes motivaciones y agendas secretas, lo principal que desea una de estas personalidades oscuras, es tomar el control para poder satisfacer un deseo que lo mueve en dirección hacia su víctima en ese preciso momento. Las habilidades verbales, así como la manera de comunicarse de forma no verbal, es parte del repertorio, que, en virtud de las necesidades del manipulador, cambiarán, siguiendo un guion prestablecido.

El manipulador siempre cambiará la versión de los hechos para justificar su actitud, aunque esta sea injustificable, dirá que lo hizo por hacer algo bueno por su víctima. Negará siempre lo que hizo. El cinismo es una cualidad esencial para perfilar a un sujeto de estas características. En el trasfondo de todo el entramado que teje el manipulador emocional, está la motivación por la exaltación de su ego, su narcisismo patológico y su necesidad de controlar y tener poder sobre todas y cada una de las acciones de la víctima.

La clave para el perfilador del manipulador, está en las distintas técnicas de persuasión utilizadas por el predador; en cómo y de qué manera las utiliza para conseguir lo que desea de su víctima. De acuerdo a un modelo conocido en psicología como PEN de Eysenck[3], según el cual de acuerdo a los diferentes características de los rasgos de personalidad, estos podrían ser usados por los manipuladores, narcisistas y psicópatas, para influenciar en otras personas.

Para poder perfilar la personalidad de un manipulador o cualquier otra de la triada oscura, se debe partir de una

---

[3] Modelo Psicobiológico de Personalidad de Eysenck:una historia proyectada hacia el futuro.Schmidt,V.*,Firpo, L.,Vion,D.,DeCostaOliván,M. E., Casella,L., Cuenya,L,Blum,G.D.,yPedrón,V
https://revistapsicologia.org/index.php/revista/article/view/63/60

suerte de coordenadas, que en la teoría de Eysenck, estarían representadas por un cubo tridimensional, donde, de acuerdo a las características individuales, tales como:

-Extroversión/Introversión: supresión de la sociabilidad, y la impulsividad, así como también al nivel de reflexión del carácter de la personalidad.

-Neuroticismo/Estabilidad emocional: se trata del nivel de preocupación o despreocupación, así como la seguridad o falta de ella, relativo al individuo; niveles de ansiedad, etc.

-Psicoticismo/ Empatía: refiere al nivel de temor, empatía, creatividad, así como al nivel de reflexión de una situación determinada.

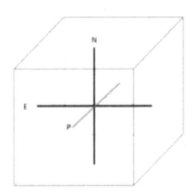

Modelo de las dimensiones de Eyseck

Según este modelo, las dimensiones básicas para Eyseck, están representadas en el cubo así: (E) Extraversión, (N) Neuroticismo y (P) Psicoticismo. Cada quien puede ser ubicado en el cubo de acuerdo al grado de acuerdo al nivel de cada uno de estos componentes. De esta manera, los valores de direccionamiento dentro del cubo, pueden oscilar; nunca van a ser absolutos, sino que tendrán diferentes variaciones.

N

Tristeza - depresión - timidez - ansiedad - tensión - miedo - culpa - irracionalidad - vergüenza - mal humor - emotividad - preocupación

E

sociabilidad - actividad - asertividad - despreocupación - dominancia - búsqueda de sensaciones (socializada) - osadía - espontaneidad - rapidez

P

impulsividad - agresividad - hostilidad – frialdad - egocentrismo - alta de empatía - crueldad - creatividad- falta de conformismo - dureza mental

2.6 Las 10 técnicas de manipulación predatorias

Para conseguir el control de las emociones ajenas, las personalidades de los manipuladores, aplican diferentes tipos de técnicas que resultan efectivas. Los investigadores han determinado una gran variedad de dichas técnicas, pero, vamos a sintetizarlas en diez, que son una especie de compendio de manipulación predatoria:

1. Proyección:

Los manipuladores apelan a esta técnica, que resulta casi siempre muy efectiva. En resumen, la proyección consiste en, tal como su nombre lo indica, evadir cualquier tipo de acusación para lanzarla sobre el otro o proyectarla. Cuando alguien es infiel, por ejemplo, y su pareja lo acusa con pruebas, el manipulador apelará a esta técnica diciendo que no ha sido el culpable de lo que se le acusa y señalará a la otra persona con cualquier pretexto para salirse por la tangente: "tú también le coqueteaste a X, durante la fiesta de cumpleaños de nuestra hija, porque te vi sonreírle".

2. Refuerzo estímulo intermitente:

Esta técnica tiene qué ver con una especie de premio con la que el manipulador intenta ganarse el afecto de su víctima. Por ejemplo, puede adular a una mujer que quiere conquistar, diciéndole que se ve muy bien, que la ropa que ha comprado le favorece mucho, que tiene una hermosa voz, enviarle emojis o canciones románticas para reforzar el vínculo de dependencia positivo. En cualquier caso, si las cosas no salen como el manipulador quiere, aplicará la siguiente técnica de castigo.

3. Refuerzo negativo:

En caso de que las cosas no salgan como el manipulador tiene presupuestado, entonces aplicará el refuerzo negativo. En síntesis, esta técnica aplica la indiferencia o el llamado ghosting sobre la víctima, ignorando sus mensajes, llamadas o súplicas para retomar el contacto cuando el manipulador considera que ésta no ha hecho lo correcto, es decir, ha dejado de darle el control o dejado de hacer lo que le dice el manipulador.

4. Conflictividad:

Discutir y pelear de manera absurda y por cualquier cosa, es una de las técnicas favoritas para distraer, desviar, y, en definitiva, retomar el control cuando siente que ya no lo tiene. La discusión puede surgir en el momento menos esperado y por una situación sin relación directa con el tema del disgusto. Por ejemplo, el color de una prenda puede desencadenar en un conflicto donde se ponga sobre la mesa la actitud soberbia o el estatus social de la familia de su pareja. Esto tiene sentido al momento de retomar el control: una vez que la víctima ceda o acepte que se ha equivocado, buscará reconciliarse con el manipulador.

5. Gaslighting:

Esta es una de las técnicas usuales de manipuladores, narcisistas y personalidades de la triada oscura. Se inspira en un filme de los años cuarenta, en la que el protagonista le hacía dudar a su pareja modificando la llave del gas, para hacer que la luz se atenuara o se intensificara, trastocando la percepción de la realidad que tenía en ese momento. Así, la técnica del gaslighting, hace que la víctima dude de la certeza de los hechos, y por consiguiente de su memoria y su uso de razón. El manipulador podrá argumentar, cuando la víctima le diga que estuvieron en lugar y día concreto, diciéndole que no fue así, que no estuvieron nunca allí, por ejemplo. Si bebieron alguna cerveza, podrá decirle a la víctima que estaba bajo los efectos del alcohol, para trastocar la realidad quitando o poniendo elementos, personas o cosas para sus efectos.

6. Destrucción de la autoestima:

Otra técnica de los manipuladores, tiene qué ver con destruir la autoestima de la víctima. La autoestima es uno de los principales mecanismos de autovalía y de identificación que tiene la mente y el ego. Para los manipuladores, minar la autoestima, echar por tierra las capacidades y fortalezas de su víctima, es esencial para poder tener control al perder la víctima su autoestima.

7. Mentira compulsiva:

Una característica de las personalidades de la triada oscura, entre las que se encuentran los manipuladores, tiene qué ver con la mentira compulsiva. Todas las personas en algún momento o circunstancia de su vida, hemos mentido de una u otra manera. Sin embargo, en el caso de los manipuladores, lo que hace que la mentira sea tan tóxica, son las consecuencias y el nivel de las mismas. Las personas corrientes, luego de mentir, por lo general, admiten que lo hicieron y se disculpan, de acuerdo al cargo de conciencia que lleven; pero para el manipulador y otras personalidades de la triada oscura, esto no existe: son solo negocios. La mentira es un mecanismo para poder tomar control de sus víctimas, y si eso depende del tipo de mentira y de sus consecuencias, entonces no tendrá el menor reparo en mentir de manera compulsiva. Las mentiras del manipulador pueden ser relativas o absolutas, es decir, que puede mentir en todo lo que dice, o hacerlo solo en partes específicas de su relato para poder obtener lo que se propone.

8. Hacer sentir culpa y amenazar:

Para el manipulador, controlar los sentimientos de su víctima, ya sea por medio de la autoflagelación, es decir, de hacerle sentir culpable o de la amenaza, son dos formas de usar el temor o la empatía de su víctima a su favor. La culpa hace que la víctima se sienta vulnerada y que perciba que ha obrado mal, entregándose al manipulador porque considera que le debe algo a cambio por una supuesta afrenta que no ha cometido; en algunos casos, el hecho de defenderse del abuso que comete el manipulador, hace que éste se lo reproche y sienta culpa.

Por otro lado, la amenaza, es otro mecanismo poderoso para coartar a la víctima. El ego del manipulador, es por lo general muy débil y se siente atacado por sus inseguridades. Esta es la razón por la que puede usar indistintamente la amenaza como mecanismo de defensa para tomar el control de su víctima. Cuando la víctima se niegue a hacer lo que el manipulador exige, entonces, recurrirá a amenazar con contar, con hacer algo, con agredir o con cualquier otra cosa que le genere miedo a la víctima para que ceda ante los requerimientos del manipulador. Básicamente lo que el manipulador pretende con la amenaza, es quitarle su derecho a opinar, a decidir y a elegir.

9. Ley del Hielo:

Se podría llamar a esta técnica también ley del silencio, pero se ha vuelto popular como Ley del Hielo, dado que el manipulador aplica la distancia, la indiferencia y la falta de atención como una forma de castigo para su víctima, cuando considera que ha transgredido las normas de control que este le impone. El manipulador no reconoce al otro como un sujeto válido, es decir, deja de existir y, en consecuencia, no le habla, lo ignora, no lo toma en consideración. Mediante esta ley del hielo, el manipulador logra hacer que la víctima ceda, buscándolo y pidiéndole su atención, excusándose o cediendo en su voluntad para que pueda tomar el control de su vida nuevamente el abusador.

10. Control mental:

Para el manipulador controlar a su víctima, de la mejor manera posible, es una forma de poder. Es por ello que, ante el menor indicio de rebelión por parte de su víctima, entonces, creará un conflicto, una pelea o discusión, para poder retomar el control de la manera que mejor le parezca. El control mental es una táctica muy efectiva para el manipulador. Puede ejercerlo de diferentes maneras, como, por ejemplo, controlar el dinero, el tiempo o los lugares a donde va su pareja; puede modificar el tiempo del trabajador, castigarlo o quitarle horas de trabajo, cuando no hace lo que quiere, en el ámbito laboral; en el ámbito social, puede dejar de tenerlo en cuenta para eventos, reuniones o fiestas, cuando el manipulador considera que su víctima no ha hecho lo que debe, es decir, ceder hasta en sus deseos y pensamientos al control de manipulador.

Dado que las personalidades de la triada oscura, maquiavelistas, narcisistas y psicópatas, suelen usar estas técnicas de una manera repetida y con un claro patrón establecido, tanto los psicólogos como los psiquiatras, han logrado detectarlas para que la víctima reconozca cuales son los principales elementos para saber si alguien está siendo controlado por una de estas personalidades oscuras. Este tema precisamente nos lleva al siguiente capítulo, donde veremos en qué consiste el control mental y cómo se da, al tiempo que se indica la mejor estrategia para evitarlo.

CAPÍTULO 3 : ESTRATEGIAS PARA CONTRARRESTAR LA MANIPULACION MENTAL

3.1 Las 10 técnicas de control mental

Los manipuladores y personalidades de la triada oscura, suelen tener claras las técnicas mediante las cuales ejercen el control mental de sus víctimas. A través de las técnicas derivadas del PNL, los manipuladores consiguen, literalmente, entrar en la mente de sus víctimas, controlarlas y conseguir lo que quieren como parte de su agenda oscura. Conociendo estas diez técnicas prácticas y eficaces que usan estos individuos, podrá contrarrestar la manipulación mental, si usted está siendo víctima.

1. Usar la simpatía falsa:

La falsa simpatía es una de las técnicas maestras de los manipuladores para tomar el control mental de su víctima. Sonreír constantemente y mostrar una cara agradable, es para el cerebro humano, esencial para encontrar rasgos de empatía. Es por ello que el manipulador será una persona particularmente simpática y agradable; puede hacer gala de un sentido del humor, a veces negro, para poder ganarse la confianza de su potencial víctima. Nuestra mente está mucho más empática a los rostros que exhiben una sonrisa y son amables en toda su expresión corporal, tanto verbal como no verbal. Es por esta razón que una persona simpática y amable, que sonríe y tiene amabilidad gestual, resulta más agradable, atractiva y genera más confianza ante los demás.

Muéstrese igualmente simpático con alguien que es manipulador o que sospeche de que lo es. Esto contrarrestará las intenciones que tenga para con usted, aunque usted no lo soporte.

2. Tenga exclusividad de tiempo por el manipulador:

Cuando alguien nos dedica tiempo, eso nos hace sentir especial. El significado intrínseco de esto, quiere decir que somos alguien diferente al resto. Esta es la razón por la que los manipuladores usan esta técnica como su principal as bajo la manga. Al preocuparse por todo lo que tiene qué ver con la vida de una persona, sus asuntos, problemas, deseos, sueños, desengaños, etc., esto genera una simpatía inmediata con esa persona que se preocupa de forma auténtica y sin pedir nada a cambio. La técnica de dedicarle tiempo a la víctima, hace que esta entregue toda su confianza al victimario, sin sospechar nada de éste. Muéstrese igualmente interesado por aquel que cree usted, o tiene sospechas de ser un manipulador y lo tiene a usted en la mira.

3. Usar la seducción a su favor:

El término seducción se usa, por lo general, para hacer alusión a un interés sexual o afectivo. Sin embargo, esto se puede usar para muchos tipos de situaciones y ámbitos como el laboral o el social. Del mismo modo que hace un manipulador experto, vístase bien, hable con un vocabulario que no sea común, muéstrese expresivo y halagador; tenga una correcta postura corporal que irradie seguridad. No se muestre frágil ni débil ante el manipulador: la autoestima y seguridad en sí mismo, es algo que consigue desarmar a estos individuos.

4. Sea perspicaz con el manipulador:

Usar el arma de la perspicacia con el manipulador, puede llevarlo a mostrarse vulnerable con usted y dejar ver su parte más débil. Analice cada palabra y gesto de su potencial manipulador. Aunque tenga sospechas de que puede estar frente a uno, use cada elemento para analizar su respuesta, adelantándose a lo que puede hacer. Ir un paso más allá, tratando de adivinar qué hará, es algo que puede dejarlo sin armas al manipulador.

5. Tenga sangre fría:

El rasgo característico del manipulador es la sangre fría. ¿Esto qué significa?: pues que usted debe tener siempre la mente concentrada en autoprotegerse y no mostrar sus cartas. Ser demasiado empático o amable, lo único que hace es que usted se convierta en un cordero para el lobo. Sea mucho más directo y frontal, así el manipulador sabrá que usted no juega su juego. Sea agresivo con su técnica de adelantarse usando las mismas herramientas que usa el manipulador.

6. Mienta sin culpa:

Como hemos dicho, la mentira es uno de los rasgos principales del manipulador. Este no tendrá ningún problema en hacerlo para conseguir que usted continúe dándole lo que quiere. Si usted juega con las mismas cartas, es decir, dejando de ser tan limpio y moral, esto le puede repercutir a su favor. La mentira puede usarla como escudo, como arma para defenderse de las mentiras, que, a su vez, le dice el manipulador. Si el manipulador le insinúa o descubre que usted le ha mentido, entonces niéguelo, esto lo dejará desconcertado.

7. Exagere sus capacidades:

Una de las armas más comunes usadas por el manipulador, tiene qué ver con exagerar sus logros. Puede decir que fue el mejor estudiante de su promoción, aunque en realidad, haya tenido notas mediocres. Podrá decir que estuvo en varios países del mundo, aunque jamás haya puesto un pie fuera de su ciudad. Usted debe exagerar mucho más, compitiendo con el manipulador, para dejarlo fuera de lugar. No hay nada qué odien más este tipo de personalidades que tener a una víctima que intenta ser más megalómano que ellos mismos.

8. Vea los defectos en el manipulador:

La contraparte al halago es la crítica. Si usted empieza a fijarse en los defectos y errores que tiene la otra persona, es decir, su potencial manipulador, éste no tendrá de qué forma defenderse, pues usted está exponiendo una de sus mayores debilidades: la fragilidad de su ego. Al criticar al manipulador y verle defectos, usted se pondrá por encima de este, mostrándose más poderoso. Esto hará que se lo piense dos veces con usted y retrocederá en sus intentos de intentar manipularlo a usted, o incluso, podrá hacer que suba de nivel. En todo caso, usted no debe ceder ante la presión ejercida por el manipulador.

9. Dígale lo que el manipulador quiere escuchar:

"Usted es una persona maravillosa y muy inteligente". Este tipo de halagos y cumplidos, son los que la mente del manipulador quiere escuchar de usted. Si utiliza esta carnada para enganchar al manipulador, usted tendrá una ventaja estratégica. Pensará que usted ha caído en su trampa de encantos superficiales. Así que, si usted juega al mismo juego del manipulador, tendrá la garantía de que lo convencerá de que está cayendo en su trampa, cuando la realidad es una muy diferente. Entre más ensalce el ego del manipulador diciéndole adjetivos rimbombantes, más creerá este que usted está cayendo en su trampa.

10. Escuche los deseos del manipulador:

Si usted está presto a escuchar al manipulador y sus deseos, podrá conocer qué es lo que piensa y qué quiere sacar de usted. Por lo general, estos individuos suelen delatarse a sí mismos, diciendo o confesando lo que quieren de usted, sin decírselo explícitamente. Si, por ejemplo, le dice que su sueño es tener algo que usted tiene o algo que ha vivido, entonces, podrá empezar a darse cuenta de qué tipo de agenda tiene para usted ésta mente. Si hace esto, poco a poco con el manipulador, escuchando sus deseos, empezará a desvelarse realmente el motivo impulsor de su interés por usted.

Una técnica extra:

11. Haga que el manipulador entre en su esfera de poder:

Una de las tácticas más efectivas de control, es sacarlo a usted de su esfera de poder. Llevarlo a un lugar donde el manipulador está cómodo con usted, le da todo el control, lo hace más poderoso. Si, por el contrario, usted le dice al manipulador que no puede asistir a una cena familiar o de negocios en el lugar establecido por éste y lo cambia por otro que usted conoce bien, donde hay gente cercana que sabe quién es usted y lo conocen, habrá logrado quitarle el arma de las manos al manipulador. Se sentirá inseguro. Lo más probable es que tenga alguna excusa para no salir de su zona de control para entrar a su esfera de poder.

3.2 Cómo identificar que estoy siendo víctima de manipulación mental

Los manipuladores suelen ser muy sutiles para tomar el control de la mente de sus víctimas. A medida que manipulan más y más personas, estos predadores emocionales y psicológicos, perfeccionan sus técnicas para aplicarlas a futuro, contra sus potenciales presas. Quizá pueda estar preguntándose: ¿Cómo puedo saber si está siendo víctima de un manipulador mental?

1. Habla más de usted mismo que su interlocutor:

Hacer que la víctima hable más sobre sí misma, es una de las estrategias maestras del manipulador para conseguir conocer más acerca de sus deseos, necesidades, inseguridades e ilusiones. Este suele ser un juego muy sutil, puesto que el manipulador sabe qué es lo que debe hacer para tomar el control. Hablar sobre sí mismo, puede hacer que la víctima sea seducida fácilmente: pero escuchar todo lo que su presa tiene qué revelarle sobre su persona, es lo que verdaderamente le interesa al manipulador. Sentirse demasiado frágil y abierto para contar a su potencial manipulador sus gustos, deseos, secretos, frustraciones y esperanzas, quizá le hará pensar que por fin alguien se preocupa por usted de manera desinteresada. "¿Cuéntame lo que quieras?", podrá decirle el manipulador. Pero en realidad lo que está haciendo es tomar nota de cada cosa que usted dice para luego usarla en su contra. Así que, si usted se encuentra hablando más de la cuenta acerca de su vida, con alguien que pueda ser identificado como un potencial manipulador, es posible que esté en la lista de presas del depredador.

2. Hace favores continuamente y de manera desinteresada:

Muchas veces conseguir ayuda verdadera y auténtica, no es algo tan sencillo. Eso lo sabe perfectamente el manipulador. Cuando alguien se acerca a éste para pedirle ayuda, entonces sabe que ya tiene una ventaja grande sobre usted. Aunque ayudar a los demás es parte de la empatía biológica y la compasión con la que nos hemos adaptado para sobrevivir a lo largo de las etapas evolutivas, para el manipulador esta es la oportunidad ideal para conseguir un rehén emocional a través de sus "ayudas desinteresadas". "¿Necesitas dinero? No te preocupes, dímelo y yo te ayudo". "¿Por qué no me lo dijiste a mí si necesitabas eso?". "Para eso estamos los amigos, para servir y ayudar": estas pueden ser fórmulas de cortesía corrientes para personas verdaderamente empáticas y honestas, pero si usted nota que alguien siempre está dispuesto a servir sin ningún tipo de retribución, entonces tenga cuidado, porque puede estar siendo víctima de un manipulador.

i. Amenaza o advierte de consecuencias si no hace lo que el manipulador dice:

El castigo social es una forma efectiva de controlar a alguien cuando se sale de las normas y afecta a los demás. Pero cuando alguien decide tomar una decisión por su cuenta propia y otra persona amenaza o advierte que "se lo piense mejor antes de hacerlo", es casi seguro que está siendo víctima de un manipulador. Lo que estas personalidades oscuras quieren es que usted pierda el control sobre usted y se lo entregue a ellos. Por esa razón, será común escuchar que lo amenazará con contarle un secreto en común que usted ya le ha soltado o porque usted ha tomado la decisión de alejarse del manipulador.

ii.   Son controladores compulsivos:

Estas personalidades manipuladoras, suelen ser particularmente controladoras. Quieren saber todo sobre usted. Hora, lugar, personas que lo acompañan, dinero que lleva y que piensa gastar, itinerarios, etc. Muchas veces dan la impresión de ser agentes de la inteligencia o el servicio secreto, pues están atentos a todo lo que usted hace: desde el recorrido del vuelo que usted tomó, hasta los horarios de apertura del restaurante del hotel donde usted reservó, etc. Suelen controlar el teléfono celular o el computador de los demás. Quieren conocer las amistades suyas y lanzan opiniones sobre estas, pues no quieren que perder control sobre usted. Si usted ha notado cualquiera de estos comportamientos ejercido por personas de su entorno cercano, entonces existe una gran posibilidad de que esté tratando con un manipulador compulsivo.

iii.   Usan la crítica para humillar y minar su autoestima:

Criticar es una de las más comunes maneras de ofender en ámbitos sociales. Puede que este comportamiento sea normal, para romper el hielo en un grupo en que uno se integra. Sin embargo, para los manipuladores, criticar y humillar es una estrategia maestra de control. "Esa ropa no te va", "te ves fea", "estás gordo", "no eres suficientemente bueno para este trabajo", "no sé por qué me fijé en ti", etc.

A través de esta estrategia de crítica y humillación constante, el manipulador mina la autoestima de su víctima, para luego adularla de nuevo y recompensar la sumisión y fidelidad ante sus tácticas predatorias. Así que, es importante tener presente esta bandera roja de humillaciones y avergonzamiento, para saber si estamos siendo víctimas de un manipulador.

iv.   Siempre hacen promesas falsas:

Mantener la ilusión es una de las principales debilidades de las víctimas de los manipuladores. La estrategia de mantener en constante estado de esperanza a sus víctimas, hace a estos predadores seres fuertes y confiados, pues saben que éstas están sometidas constantemente a su estrategia de falsas promesas: "Perdóname… y yo te prometo que haremos ese viaje", "voy a comprarte ese anillo que tanto te gusta, si me complaces", "si haces eso por mí, te doy mi palabra de ir a ese restaurante que tanto te gusta", "si me ayuda con esto, puedo conseguir que le asciendan o mediar para un aumento de sueldo", etc. Estas fórmulas mantienen la llama de la esperanza y la ilusión viva en las víctimas de los manipuladores, desde luego, sin llegar jamás a ser cumplidas, pues solo son parte del juego con que llevan y traen cómo si fueran títeres a sus víctimas.

v.   Hacen que su víctima tome decisiones irreflexivas:

Muchas veces las víctimas de manipuladores, resultan haciendo cosas que jamás hicieron antes, solamente para complacerlos. Las estrategias y las técnicas de manipuladores, suelen ser tan efectivas que sus víctimas incluso llegan a vender cosas, pedir préstamos, trabajar horas extras, hacer viajes largos y costosos, o incluso, roban o hacen actos criminales para satisfacer a los manipuladores. Si usted se ha detenido a pensar qué lo ha llevado a hacer algo que no haría normalmente, ni en la peor situación, entonces es muy posible que esté siendo víctima de un manipulador.

3.3 Cómo defenderme de la manipulación mental

Como ya se ha visto, la manipulación mental suele ser muy sutil, pero altamente efectiva. Una vez que se ha detectado que estamos siendo presas de los manipuladores, entonces, es posible hacer frente a los abusos de estas personalidades oscuras. Al tomar conciencia sobre nuestro rol de víctimas y teniendo claro que el victimario, es decir, el manipulador, se ha aprovechado de nuestra empatía y buena voluntad, podemos tomar decisiones para escapar de su compleja red de mentiras, embustes, engaños, trampas, humillaciones y otras estrategias para controlar nuestra mente y nuestras emociones.

1. Poner límites:

Si antes de la relación usted era una persona que no permitía que nadie decidiera nada por usted, entonces es el momento de retomar esa actitud. Al manipulador no le gusta que le impongan límites, porque es éste quien se encarga de ponerlos a su víctima. Así que esta actitud de trazar límites a la relación que ha establecido con el manipulador, no le va a hacer gracia. Es posible que, como protesta, le amenace, le advierta de represalias y le someta a la ley del hielo, siendo indiferente con usted durante días, semanas o incluso meses, pero limitar los abusos es una de las medidas más eficaces para empezar a retomar su vida.

2. Alejarse:

Mantenerse lejos es una de las principales medidas de autoprotección que usted puede tomar para evitar el abuso del manipulador. Una vez que usted haya decidido tomar distancia, aunque el manipulador lo llame o le busque, usted debe mantenerse imperturbable en su decisión de retomar el control de su vida y su paz mental. Existe una estrategia infalible para que evite recaer en las garras del manipulador: decir "no". Seguramente usted no sea de esas personas que tenga el carácter para decir que no, ya que puede sentir que está siendo demasiado cortante o grosero. Pero es necesario que usted lo haga. Esto le irá dando fuerza y decisión para cortar todo lazo con el manipulador.

3. Identificar que está con un manipulador:

Si usted ha llegado a este punto, es decir, ha conocido cómo piensan y cómo actúan los manipuladores, entonces seguramente usted ya podrá decir si esa persona es o no una manipuladora o tiene rasgos manipuladores. Esto es esencial para tomar la decisión de cortar definitivamente con esa relación tóxica que usted estableció en un pasado con esa persona. El manipulador esconde, tras su máscara de superioridad y altivez, un ego débil y muy poca autoestima. Entender este mecanismo de compensación, es importante para que usted recupere su autoestima y su propia valía. Esto no significa que usted tiene que compadecerse del manipulador y entregarse a éste para ayudarlo: usted tiene el derecho a decidir qué quiere hacer y qué no con su vida. Nadie tiene el derecho de controlar su vida, sea cual sea la razón por la que usted intenta justificar este comportamiento.

4. Recupere su autonomía:

La mayor parte de las personas víctimas de manipuladores, se han habituado a ser manipulador, humillados, manejados y controlados por estas personalidades oscuras. Esta sumisión derivada del abuso, es un mecanismo común de la mente sometida. Bajo ningún motivo hay que darle todo ese poder a alguien. Es decir: solamente usted es responsable de las decisiones que tome en su vida, sean estas equivocadas o no. El manipulador le dirá que le está ayudando a usted, manejando la vida ajena a su antojo. Debe cortar con esta dependencia de pedir permiso al manipulador para hacer o no hacer lo que usted piensa y quiere. El manipulador solo ama o le importa la víctima en la medida en que ésta le entrega todo poder sobre su voluntad, sus ideas y su vida.

5. Cancele al manipulador:

La cultura de cancelar a quienes han hecho las cosas mal, puede aplicarla usted a su manipulador. Ignorarlo y tacharlo de la lista de personas deseables en su vida y ponerla en la de non grata, es lo que debe hacer de inmediato, cuando usted ha detectado que está siendo manejado por una mente manipuladora. Ignorar intentos burdos de manipulación como adulaciones, cumplidos, felicitaciones y otras maneras de ganarse su atención, es dar el primer paso. Cuando el manipulador le escriba, usted puede optar por ignorarlo, bloquearlo o dejar el mensaje en lista de espera el tiempo que usted lo considere necesario. La mejor manera de hacerlo puede ser de manera directa o indirecta. Esto significa que usted puede responder al mensaje de manera directa, cuando el manipulador intente adularle o ganarse su sumisión, con un "no quiero que me escribas más, por favor"; por otra parte, la indirecta, es mucho más sutil, pero puede hacer que el manipulador siga creyendo que tiene poder sobre usted, este es el caso de dejarlo en visto o responder con "vale" u "ok", no estará siendo suficientemente cortante y tajante y puede llevar a que el manipulador siga acosándole.

6. Póngalos en la picota pública:

Otro mecanismo que puede ser efectivo para las personalidades manipuladoras, tiene qué ver con exponerlos en redes sociales o Internet. Esto, para narcisistas y psicópatas con un alto sentido de sí mismos, constituye un infierno en vida. Esto puede persuadirlos de seguir buscándole para hacerle su víctima. Así que debe tomar la decisión de hacerlo, sin pensar en qué pensará el manipulador si usted decir exponer qué clase de persona es este predador. Estos son unos pasos básicos para empezar a romper su lazo tóxico con el manipulador.

3.4 Signos de manipulación verbal

Como se ha visto, según la PNL, la manera en la que nos comunicamos verbalmente influye y modifica el cerebro de los demás. Desde niños estamos regidos por órdenes y normas tales como: "prohibido caminar en el césped", "no fumar aquí", "no arroje basura en este lugar", "guarde silencio", "no girar a la derecha", etc. El lenguaje verbal determina en gran parte la manera en la que nuestro cerebro configura el mundo. Así mismo como, de acuerdo a la lengua materna, nuestro cerebro empieza a definir una visión y una personalidad derivada de la cultura, las personalidades de la triada oscura y manipuladores, saben usar a su favor el poder del lenguaje verbal para tomar el control de sus víctimas.

Elegir las palabras correctas para lograr los efectos deseados en los demás, es una de las principales fortalezas de este tipo de personas depredadoras. Ya hemos visto cómo en ámbitos como la política y el espectáculo, la persuasión por medio del lenguaje verbal consigue efectos deslumbrantes, que incluso, logran cambiar por completo una sociedad entera.

Los manipuladores no son ingenuos al momento de usar el verbo para conseguir sus objetivos. Suelen practicar mucho y corregir errores para logarlo. Para el cerebro la fluidez verbal a la hora de una conversación, debate, charla o conferencia, es algo que resulta crucial para darle credibilidad. Entre más palabras por minuto se digan, las personas perciben que el orador es alguien que conoce el tema, que es experto y lo domina, y, por tanto, no tienen reparos en creer todo lo que diga.

La persuasión en el lenguaje suele ser sutil pero poderosa. Usar matices en la conversación por medio de palabras, puede ser mucho menos agresivo y directo, que intentar persuadir por medio de otras. Así, por ejemplo, cuando alguien usa las palabras "perdón", "disculpe", "excuse", "gracias", etc., tiene muchas más oportunidades de lograr que los demás le atiendan y le traten con amabilidad, si es menos amable, verbalmente hablando.

Los niños suelen ser muy agudos usando el verbo, sobre todo cuando hacen preguntas a los adultos del tipo:

"¿por qué el cielo es azul?", "¿por qué la luna no se cae?", "¿por qué mi abuelo tiene el pelo blanco?", etc.

Para nuestro cerebro, las palabras como "por qué", tienen un poder insospechado, ya que hacen que nos veamos acorralados a justificarnos por medio del lenguaje. En las primeras etapas del desarrollo neurológico del niño, cerca de los cinco a seis años, es cuando empiezan a surgir este tipo de preguntas punzantes y urgentes. Los hemisferios cerebrales empiezan a hacer interconexiones neuronales, por esta razón los niños quieren conocerlo todo, diseccionar animales, abrir los juguetes, inspeccionar en los agujeros para sacar alimañas y observarlas con detenimiento: esta es la manera en la que se trata de explicar los fenómenos y por ello, se verbaliza esa curiosidad por medio del "por qué", buscando respuestas de manera tan exhaustiva.

Los grandes manipuladores, entre los que se encuentran también muchos grandes comerciantes y vendedores de éxito, suelen ser hábiles con el lenguaje. Casi todos hemos sido víctimas de estos expertos manipuladores con el verbo.

—Señor, permítame un momento —le dice un hombre vestido de forma elegante en un centro comercial a un hombre que lleva a su niño de la mano y va atareado con bolsas de compra— ¿Se preocupa usted por el futuro financiero de sus hijos?

—Sí por supuesto —responde el padre de familia, abrumado, sin muchos elementos para replicar, pues evidentemente ha sido tomado por sorpresa.

—Es evidente que usted es un padre modelo —replica hábilmente el hombre elegante—; éste seguro es perfecto para el futuro de su familia.

El vendedor usa palabras claves para conseguir llamar la atención de su potencial cliente: "permítame", vulnera las defensas que tiene el interlocutor; "futuro" e "hijos", apelan directamente a la emocionalidad y a lo que más le importa y por lo que se preocupa cada día para llevar el pan a la mesa: su familia. El movimiento final de usar la fórmula, "futuro de su familia", termina por hacer que ceda la resistencia del padre de familia, demasiado abrumado como para prestar atención a otro vendedor más.

De igual manera el manipulador usará el verbo para poder disuadir la posible resistencia de su víctima. Es clásico el piropo que usan muchos galanes para hacer que la mujer sensual y bella, le preste atención: «Eres la mujer más hermosa del mundo».

Aunque resulta obvio que esta es una de las más burdas frases para conquistar, no resulta extraño que aun hoy, pueda lograr que una mujer se fije en un hombre corriente, en el que no posaría su atención de ninguna otra manera.

La estrategia de usar la imaginación de la víctima, hace que ésta ceda ante el manipulador. La proyección hipotética es una de estas técnicas. "Imagina si", es una de las principales condicionantes verbales usadas por los manipuladores, entre toda una baraja de fórmulas para conseguir que el cerebro pique en la carnada que se le ha tendido.

«Imagina si conoces a un hombre único, que te hará vivir como una princesa en una mansión de ensueño, donde no tendrás que mover un dedo para que te lleven un vaso de limonada en un día caluroso de verano… pues aquí está ese hombre», ese puede ser un diálogo hipotético de un manipulador, que, aunque parezca absurdo, tiene un gran poder porque las palabras crean anclajes en la mente. Aunque la baza que tiene un manipulador es tan vasta como su habilidad, algunas fórmulas se repiten en su estructura por la adulación gratuita y la técnica narcisista de dar atención, son algo como esto:

- Eres una persona fascinante

- Reflejas elegancia

- Tienes un gran estilo para vestir

- ¿Siempre te han dicho que tienes una sonrisa encantadora?

- ¿Por qué siempre me desconcentras con tu belleza?

3.5 Técnicas de recompensa

La recompensa es una herramienta muy usual para poder conseguir lo que se quiere de los demás de una forma indirecta. Casi todos hemos sido víctimas de dichas técnicas, muchas veces sin darnos cuenta de ello. Es un condicionamiento social, recibir algo a cambio por hacer algo. Por ejemplo, una muestra de que incluso el gobierno nos manipula mediante técnicas de recompensa, tiene qué ver con invitar el día de los sufragios a los votantes para acercarse a las urnas bien temprano en una fría mañana de domingo. Resulta claro: nadie querría salir de su cama tibia para ir a hacer una larga fila y depositar su voto en la urna electoral. "¿Para qué hacerlo? ¿Yo qué me gano con eso?", podrían argumentar algunas personas, carentes de un gran espíritu democrático, por supuesto. Pero los gobiernos tienen un as bajo la manga. Por votar, en algunos países se descuenta el valor de los impuestos, se hacen rebajas en las matriculas de las universidades o incluso, se llega a dar media jornada de trabajo libre. Claro, en caso de que votes por el candidato de tu preferencia; aunque sea en blanco, pero que lo hagas.

Esta es una estrategia de persuasión, usando la técnica de la recompensa, que es usual en las relaciones de negocios e interpersonales. Durante los años de la escuela, muchos padres tuvieron que vérselas con el espíritu rebelde de sus hijos que no querían estudiar.

—Te está yendo fatal en las calificaciones —dice el padre ofuscado, mirando el informe escolar con desazón—. Desde ahora se acabó el Internet después de las ocho; también, la consola de video, que ahora pasa a estar bajo llave hasta que mejores en los estudios, ¿entendido?

Esta estrategia utilizando la coerción y la imposición, es poco elegante. El estudiante no se siente estimulado a hacer nada para mejorar, porque está siendo obligado, literalmente. Siendo realistas, no es una técnica que pudiera dar frutos.

—Las cosas no van bien con las calificaciones —el padre reflexiona por un momento mientras mira detenidamente señalando con la punta del lápiz el informe escolar—. Vamos a hacer algo: si mejoras en las próximas calificaciones, te voy a comprar esa consola que tanto quieres; si al final del año escolar, obtienes unas buenas notas, entonces te compro el ordenador que tanto quieres. ¿Te parece el trato?

Esta estrategia tiene una técnica de recompensa mucho más atractiva para el estudiante. Verá recompensado su esfuerzo con algo que desea verdaderamente. A diferencia del primero, que lo hace forzado, obligado y coartado por la gracia de la sola autoridad paterna. Para el cerebro el patrón esfuerzo-recompensa, es mucho mejor que esfuerzo-obligación.

Del mismo modo los manipuladores hacen con sus víctimas. Les ofrecen regalarles toda su atención, sus recursos y su compañía, si la víctima hace lo que el manipulador quiere. Regalos, viajes, joyas, ropa, salidas, coches, atención, cenas costosas en grandes restaurantes, etc. La única condición es que se deje persuadir mediante sus técnicas de recompensa que pone en la bandeja.

Utilizando el método de Pavlov, que hacía que cada vez que se encendía una bombilla, el perro salivaba porque sabía que recibiría comida, el manipulador le ofrece a la víctima que haga algo, para darle como recompensa lo que su mente maquiavélica considera como el premio ideal para su presa. "Pórtate bien conmigo y verás que te consiento", piensan. "De lo contrario, te voy a castigar".

Testimonio de técnica de recompensa por un jefe manipulador

Jenny es una chica que trabajaba en un supermercado que atendía las 24 horas. Era la única dependiente. Esto significaba que tenía que hacer el trabajo de varios empleados: limpiar el local, organizar la mercancía, surtir los productos que se agotaban, recibir el dinero, vigilar que no entraran a robar nada, etc. Llevaba en su trabajo poco más de dos años. Aunque en principio, su jefe, John, le prometió subirle el suelo y darle una mejor posición de trabajo, Jenny vio pasar a varios compañeros que se aburrían del trato malo que les daba John.

—John solía hacer que trabajaran más de la cuenta —comenta Jenny con cierta resignación—. Pero como les prometía darles permisos de trabajo si estaban en la tienda haciendo horas extras, pues casi ninguno protestaba. Al final, se cansaban y no volvían.

En la última temporada de Navidad, John, en vista de que nadie quería trabajar en el supermercado, me ofreció darme vacaciones para el fin de año, si trabajaba el doble, es decir, si llegaba antes y me quedaba hasta la medianoche. Mi reemplazo era una prima de su esposa, que fue la única persona que consiguió para trabajar allí, claro, prácticamente gratis, pues la chica comía y bebía todas las golosinas posibles durante el trabajo, además de tener Internet gratis.

Hice mi trabajo duro durante todo el mes de diciembre. Cuando llegó el momento en que John tenía que cumplir su promesa, es decir, darme mis vacaciones de una semana para pasar el Año Nuevo con mi familia, me dijo:

—Jenny, te agradezco mucho por tu trabajo —estaba sonriente y, algo extraño, pues siempre tenía una expresión amarga en su rostro, muy amable conmigo—Me entregó un paquete con cosas sacadas de la tienda. Aunque yo sé que te prometí las vacaciones, quiero saber si me puedes ayudar hasta el Año Nuevo y te garantizo que podrás irte durante dos semanas en enero. ¿Qué dices, me ayudarás?

Yo sabía que no cumpliría su palabra, que trabajaría durante el Año Nuevo y seguiría haciéndolo durante enero, febrero y el resto del año, sin recibir ningún tipo de vacaciones como recompensa por mi esfuerzo. Le dije que me pagara todos los días trabajados para él hasta ese momento. Fue a la caja fuerte, sacó el dinero en efectivo para entregármelo. Hizo cara de cordero degollado para pedirme que le ayudara. Le estreché la mano y salí de aquel supermercado, para no volver nunca.

CAPÍTULO 4 : LA PERSUASIÓN

4.1 PNL Y PERSUASIÓN

Como hemos visto anteriormente, el modelo de comunicación de la PNL está determinado por una serie de respuestas, derivadas del comportamiento que alguien tiene. Esta respuesta cognitiva hace que el comportamiento externo de alguien tenga a su vez una respuesta encadenada de tipo interno; a su vez, esto tendrá una manifestación en la manera de un comportamiento externo, provocando nuevamente, una respuesta interna en la otra persona. El ciclo se representa de este modo en el modelo de comunicación de la PNL

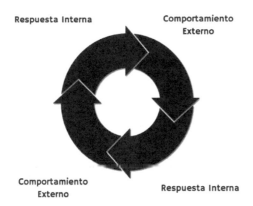

El Circulo de comunicación según la PNL

Aunque esto pueda parecer demasiado esquemático, tiene qué ver con los procesos cíclicos que se dan dentro del

círculo de comunicación de la PNL, establecidas por John Grinder y Richard Bandler, se pueden resumir en la praxis por tres pilares del proceso de comunicación:

1. Saber lo que se quiere

2. Saber recibir las respuestas

3. Tener comportamiento flexible para tener lo que se quiere.

Este fundamental y al mismo tiempo complejo sistema de comunicación de la PNL, lo aplican los manipuladores y personalidades de la triada oscura para conseguir lo que desean de sus víctimas. A continuación, nos vamos a sumergir en conocer y aplicar estas estrategias de la PNL para conocer los deseos del manipulador y contrarrestarlos.

4.2 Qué son las creencias

Seguramente ha escuchado hablar de los sistemas de creencias, pero no tiene muy claro de qué se trata el término. Pues bien, para empezar, vamos a imaginar un lienzo en blanco, que nos disponemos a pintar con una paleta de diferentes colores. En la medida en que vamos trazando líneas de color negro, azul oscuro, rojo intenso, púrpura, amarillo y verde esmeralda, por ejemplo, empezamos a trazar una figura o imagen del cuadro que queremos.

Así mismo, en nuestra vida, a lo largo de nuestro aprendizaje en la escuela, la universidad, el trabajo, la familia, los vecinos y la sociedad en general, nuestra cultura, creencias y hábitos, hacen que seleccionemos determinadas ideas y les permitamos integrar ese cuadro de nuestro comportamiento.

Del mismo modo que un pintor no puede usar todos los colores que existen, sino que debe elegir unos de acuerdo a lo que quiere expresar en su cuadro, así también las personas eligen comportarse en concordancia con lo que fue puesto en su mente como algo bueno y malo, en principio. Estas creencias, determinan la forma en la que vivimos nuestra vida y entablamos relaciones con otras personas. ¿Puede responder lo más francamente posible a las siguientes preguntas, por favor?

- ¿Cree en Dios?

- ¿Considera que la Patria es una idea importante?»

- ¿Cuál cree que sea el valor fundamental de una persona?

- ¿Es más importante tener mucho dinero o tener salud?

Probablemente las respuestas que pueda dar usted, son particulares y están determinadas por su cultura, tipo de educación, país, creencias religiosas, pensamiento crítico, tendencia política, etc. Cada persona tiene una diferente configuración en materia de ideas y creencias.

Una creencia arraigada en nuestra mente, puede hacernos la vida más o menos difícil o feliz; algunas personas llevan a tal extremo su sistema de creencias, que llegan a arriesgar sus vidas por defenderlas de las de otras personas. Pensar que se tiene una moral muy pura, hace que algunas personas consideren que lo que puedan llegar a creer o pensar el resto, tienen muy poco valor. Creer que la religión que profesamos es mejor que la que practica otro, o peor aún, que existen personas que dicen no practicar ninguna, es uno de los motivos de discusión y violencia en casos extremos de fanatismo religioso; esto también pasa con aficiones a clubes deportivos o ideologías políticas.

Haber sufrido ataques en la infancia por parte de un animal, como un perro, puede hacer que una persona crezca con la idea de que todos los perros son agresivos. Igualmente, alguien que tuvo la mala suerte de pasar durante la noche por un barrio peligroso, siendo asaltado y herido, podría llegar a creer que todas las personas de barrios poco glamurosos, son peligrosas y le quieren hacer daño. El poder que tienen las creencias es muy grande, llegando a determinar la vida completa de una persona.

4.3 Qué son los anclajes

El ancla en el ámbito de los marineros y navegantes, es una herramienta que les ayuda a las embarcaciones a mantenerse en un lugar, aunque la fuerza de los vientos y el oleaje, intente arrastrarlas mar adentro. En psicología, un anclaje es un estímulo grabado en nuestra mente, que nos puede servir de detonante para alterar nuestro estado mental, tanto de manera negativa como positiva. Un anclaje positivo puede traer a la memoria ese momento exacto en que logramos nuestro mayor reto en la vida y salimos victoriosos, llenos de júbilo; por el contrario, un anclaje negativo, trae a nuestra mente el momento en que fuimos más débiles, estuvimos en mayor vulnerabilidad, sufrimiento y dolor, haciendo que su recuerdo sea un trago amargo que queremos olvidar en cuanto ha acudido a nuestra mente.

El detonante de ese anclaje puede ser de diferente naturaleza: una imagen, un color, un sabor, un ruido o una música, un olor, una película, etc. Siempre estamos atados a algún tipo de anclaje. Es inevitable para el proceso mnemotécnico del cerebro, no usarlos para evocar la memoria. Del mismo modo que cuando le silbamos a nuestro perro para salir a la calle, éste mueve la cola y salta de inmediato porque sabe que va a salir a pasarla bien, así nuestro cerebro está atado a un recuerdo, tanto positivo como negativo.

Algunas personas acuden a cierto tipo de anclajes como pueden ser, durante un instante de tensión o angustia, optar por comer o comerse las uñas o beber té. Estos anclajes se pueden eliminar, para evitar caer en la trampa de la circularidad que vimos en el capítulo anterior. Salir de ese bucle que la PNL genera en nuestra mente por medio del mecanismo acción-reacción.

Cuando hay un estado de emocionalidad intensa, por lo general todos reaccionamos de una manera determinada con excitación, ansiedad, miedo, tensión, etc. Si se estimula de una manera precisa y justo en ese momento, se pueden ligar la respuesta y el estímulo, creando un anclaje poderoso y positivo. Estos anclajes los usan los manipuladores y personalidades de la triada oscura, para conseguir lo que quieren; tenemos que contrarrestar esta técnica con una donde tengamos un anclaje mucho más benéfico y poderoso.

El ejercicio que podemos hacer para crear un anclaje positivo, consiste en rememorar un momento que sea tanto positivo como negativo. Podemos pedirle a alguien que esté con nosotros para hacer el ejercicio. En el momento en que lo rememoremos, volveremos a ese instante, sintiéndonos tal como nos sentíamos en esa fecha, hora y lugar. Con la misma tristeza, alegría o angustia. En ese momento debemos pedir a nuestro acompañante, o hacerlo nosotros mismos, aplicar un estímulo como una música, un olor, una textura o una imagen que se corresponda justo con volver a experimentar ese estado. De esa manera crearemos un anclaje, pero esta vez, a diferencia de la primera vez, de manera totalmente consciente; así es posible revertir un recuerdo malo por medio de un anclaje bueno y con un estímulo lo suficientemente poderoso para grabarlo en nuestra mente. Esto es lo que las personalidades manipuladoras y de la triada oscura hacen constantemente con sus víctimas, sin que estas se den cuenta.

4.4 Cómo usar patrones para redefinir focos de atención

Existen diferentes técnicas de la PNL para redefinir, por medio de patrones, los focos de atención que tenemos. Para ser concisos, vamos a analizar los tres patrones principales:

1. Intención positiva:

Como se puede notar en el título, este patrón tiene qué ver con saber cuál es la intención positiva que tiene alguien respecto de nosotros. Solemos ser muy susceptibles a la crítica, venga desde donde venga. En algunos casos, muchas personas a las que tenemos gran aprecio, como un profesor, un amigo o nuestra madre, pueden llegar a hacernos críticas a todas y cada una de las cosas que decimos, proponemos o simplemente sobre lo que damos nuestra opinión. Pensar en dónde está lo malo en lo que decimos, es la clave; será de gran ayuda para intentar persuadir a personas con un marco de realidad crítica muy fuerte, que siempre están predispuestos a criticar y a decir que lo que pensamos o decimos no tiene valor: «Eso es una idea muy estúpida». «Se equivoca, así no son las cosas». «No le doy la razón en eso», son algunas de las principales expresiones de esas personas. Algunas veces esta crítica a la idea, pensamiento o creencias, está acompañada de un ad hominem, lo que hace más compleja aún la situación.

La clave es dar la vuelta a la afirmación en negativo. Si alguien argumenta ante nuestra propuesta: «Esa idea es estúpida y poco práctica», entonces podríamos proponerle que diga: «¿Cómo hacer que sea práctica e inteligente esta idea?». Esto desarma la negatividad del crítico, llevándolo a replantearse la crítica desde una perspectiva constructiva y no destructiva simplemente.

2. Analogía metafórica:

Al hacer un planteamiento desde una nueva perspectiva, hacemos que la crítica gratuita tome otra visión en positivo, pasando del: «Esto no sirve o esa idea es descartada de plano», a «¿De qué manera se puede optimizar o mejorar?». Una metáfora en literatura, es una comparación entre dos cosas que pueden tener naturalezas diferentes, equiparándolas para agradar al lector o sugerir una idea similar. Decir, por ejemplo: «Hagamos esta idea tan fresca como una lluvia de verano» o que sea «dulce como un postre que suavice una comida copiosa», puede llevar a pensar de modo mucho más plástico al crítico, viendo las cosas desde otra perspectiva.

3. Cambio de objetivos:

Si suponemos que debemos convencer a un equipo de trabajo que nuestra idea es la mejor, pero alguien pone objeciones. En lugar de pensar en la crítica per se, podemos ver las cosas desde otro punto de vista: supongamos, la idea de poner un dispensador de café en pleno verano, no es muy buena, en lugar de poner uno de refrescos o helados. En lugar de centrarse en el fracaso garrafal de la primera idea, podría darse la vuelta a la misma, proponiendo, por ejemplo, vender helados de café, que estimulan como uno caliente y en taza, pero refrescan al mismo tiempo.

Este tipo de plasticidad lo aplican los manipuladores constantemente en sus víctimas para lograr persuadirlas y controlarlas.

4.5 Los principios de Cialdini

Robert Cialdini propuso una serie de principios para persuadir, al mismo tiempo que influir, en las demás personas. Vamos a ver a continuación de qué se trata cada uno de ellos y cómo aplicarlos para defendernos de los ataques de manipuladores, maquiavelistas, psicópatas y personalidades de la triada oscura.

1. Principio de reciprocidad:

Los seres humanos estamos siempre abiertos a los regalos. Cada vez que escuchamos la palabra "te daré un regalo", nuestra mente inmediatamente se activa, pero al tiempo, siente que estamos en deuda. Algunas veces en las calles de las grandes ciudades, muchos vendedores con alto nivel de persuasión, obsequian algo a los transeúntes diciéndoles que no tiene valor alguno, pero antes de retirarse suelen decir: «a cambio, solo tienes que dar lo que tú quieras para apoyarme». Incluso, los músicos ambulantes que animan la vida en las calles, no suelen cobrar por su trabajo de ambientar o relajar los nervios tensos, dejando el estuche de su instrumento o un sombrero, donde las personas suelen dejar no solo monedas, sino también billetes. Al hacer un favor desinteresadamente y escuchar: "gracias", un gran porcentaje de personas suelen contestar, "no hay de qué". Para reprogramar verbalmente nuestro cerebro, es mejor responder: "el que da recibe", por ejemplo. Esto crea una suerte de valor intrínseco en el acto de la reciprocidad.

2. Compromiso y consistencia:

Este principio tiene qué ver con la consistencia y el compromiso entre lo que decimos y pensamos. Si alguien ha hecho una afirmación anterior en relación con una idea o propuesta que se le hace, es probable que acepte. Todos queremos consistencia y coherencia entre nuestras ideas y nuestros actos. ¿Tomaríamos una misma decisión por segunda vez? Si respondemos que no, no habrá razones para decir que sí, ya que no seremos coherentes, ni mucho menos consistentes con nuestro pensamiento u obrar.

3. Principio de contraste:

Como seres humanos percibimos los objetos y cosas que están cercanas o son pares, antes que verlas por separado. Por ejemplo, cuando vamos a un supermercado, comparamos siempre las marcas de refrescos, tanto en cantidad, calidad y precio. Es por esta razón que siempre vemos la relación costo-beneficio, en prácticamente todos los ámbitos.

4. Prueba social:

El ser humano tiende a ver el comportamiento ajeno como correcto. Es decir, que siempre tratamos de copiar los comportamientos, tanto buenos como malos. La persuasión colectiva consiste en hacer que las personas hagan lo que ven hacer al resto. Si en una fila alguien intenta evitarla, rompiéndola para colarse, por ejemplo, en un concierto, es casi probable, que el resto lo copien.

5. Apreciación y semejanza:

Por lo general, la reputación y la apariencia de una persona, hará que sea más estimada. Cuando alguien es tenida por atractiva o elegante, las personas suelen aceptarlas y ser más amables con estas personas. Alguien que tiene carisma, casi siempre es guapa o llamativa. Una modelo o una chica bonita, hace que la mayor parte de las personas les presten atención si están vendiendo un producto. También la semejanza importa: los puntos en común, como gustos por cierta comida, región, equipo deportivo, autor, religión, idioma, etc., hacen que las personas se muestren mucho más empáticas a aceptarnos que con quienes no tenemos ningún tipo de semejanza ni apreciación.

6. Autoridad:

Tendemos a darle credibilidad al estatus, sea este social o intelectual. Al conocer a alguien, si no sabemos a qué se dedica, solemos tener una creencia o sesgo de acuerdo a nuestro sistema de creencias. Si esa persona nos habla de temas médicos o de salud, no lo tomamos en serio; pero si esa persona nos dice que es médico, entonces, estaremos ya predispuestos a darle total credibilidad por el solo hecho de tener dicho estatus. Lo mismo sucede cuando vemos un coche lujoso comparado con uno mucho más corriente: asociamos que el conductor es una persona poderosa, exitosa y de gran importancia.

Es necesario tener presentes estos seis principios de Cialdini para evitar caer en las trampas de manipuladores, maquiavelistas, narcisistas y psicópatas. Estas personalidades están al acecho constante, esperando el punto de debilidad en nuestra personalidad para atacar y lanzarse sobre nuestro cuello.

Algunas personas consideran que todos los extraños son gente amable que va por ahí intentando hacer el bien sin mirar a quién, pero la vida nos muestra cada día que lo que abunda, desafortunadamente, es la maldad.

Siempre hay personas que quieren hacer el mal, aunque el resto de la humanidad se esfuerce por hacer el bien. Aplicando estos principios de la manera más inteligente posible, podremos evitar las trampas psicológicas que nos tienden a cada paso los manipuladores, narcisistas, psicópatas, maquiavelistas y otros individuos de la triada oscura de la personalidad.

5 Cómo obtener una comunicación asertiva

Transmitir las ideas con asertividad (expresión, que, según la RAE significa: manifestar las ideas de manera clara y firme), no siempre resulta efectivo. Por ésta razón, la asertividad, es una de las grandes habilidades de la inteligencia emocional. En síntesis, hay tres pilares fundamentales de la comunicación asertiva, a saber:

1. Claridad y concreción: ser específicos con lo que se presenta en nuestra comunicación, sin ambages ni rodeos. No deben existir dudas respecto a nuestras ideas en los interlocutores.

2. Brevedad: tratar de ser lo más sucintos posibles, esto es, sintetizar la idea para comunicarla en la menor cantidad de palabras posibles.

3. Excusarse: en caso de controvertir con las ideas del interlocutor, tener la capacidad de asumir los errores argumentativos y pedir excusa por éstos.

La comunicación asertiva no significa ser agresivo, ni faltar al respeto a nadie; por el contrario: es ser concreto, conciso y directo con lo que se pretende comunicar, sin que quede ninguna duda al respecto, evitando las ambigüedades y la evasión de la negación, o lo que es lo mismo, saber decir "no" sin rodeos. Esto evita los malos entendidos y las confusiones, y, en definitiva, los conflictos posteriores que pueden suscitarse tras una simple discusión de contraposición de ideas.

Las ventajas que tiene aprender a comunicarnos de manera asertiva, son, entre otras:

- Refuerza la autoestima
- Permite conocer los sentimientos que nos agobian en ese momento
- Al hablar con respeto hacia los interlocutores, nosotros también reforzamos el autorespeto.
- La comunicación se vuelve más fluida.
- Elegimos de manera más inteligente

115

- Se refuerzan las relaciones basadas en la sinceridad y la honestidad.

Al practicar la comunicación asertiva los aspectos positivos del refuerzo emocional, tales como, la confianza, la concisión y el autocontrol, se potencian. La persona gana en convicción y seguridad en su discurso, lo que lo convierte en un orador más efectivo, directo, que proyecta honestidad y credibilidad en los demás.

Para convertirse en una persona con comunicación asertiva, conviene tener presente la manera en la que comunicamos las ideas. ¿Nos frustramos? ¿Sentimos rabia cuando nos controvierten? ¿Sentimos ganas de llorar o de gritar? Para evitar este tipo de reactividad, es necesario pensar bien en lo que se quiere decir, de manera sosegada y tranquila, sin que parezca una acusación gratuita o un argumento ad hominem. Aprender a decir no, es algo que refuerza la autovalía el auténtico sentimiento de honestidad. Escuchar lo que decimos, grabándolo, tomando nota de los errores que se puedan cometer al expresarse. Centrarse en lo que decimos, sin dejarnos llevar por emociones como la euforia, la ansiedad, la rabia o el llanto. Tomar aire, no hiperventilar, mantiene el flujo de oxigenación cerebral.

6 - Patrones lingüísticos

Cada vez que hablamos, manifestamos una serie de patrones lingüísticos, de los que no somos, la mayoría de veces conscientes. Sabemos el poder que tienen las palabras para persuadir, ordenar, influir, coaccionar la voluntad de los demás. Nuestro cerebro siempre hace una elección de las palabras para determinar todas nuestras acciones y reacciones. "Prohibido". "No permitido". "Aléjese".

"Peligro", etc., hacen que tengamos de inmediato, la sensación de que aquello no lo debemos siquiera pensar en transgredir la advertencia. Del mismo modo como nuestro cerebro está predispuesto a no hacer algo porque se nos exponen los riesgos, también hay otras palabras que son detonantes para dar el paso y hacer algo: "Bienvenido", "Gracias", "Gratis", "Libre de impuestos", o incluso la simple estrategia de Coca-Cola a lo largo de muchos años: "Disfruta la vida" o "Keep Walking", del célebre whisky Johnny Walker.

Los manipuladores y psicópatas, son expertos en controlar las emociones ajenas a través del lenguaje. Durante los juicios de Ted Bundy, por ejemplo, el simpático y encantador asesino serial, siempre se mantuvo en la posición de inocente, mostrándose abrumado, emocional y angustiado para quienes lo veían y escuchaban repetir: "Soy inocente; nunca lo hice, señoría". La manera en la que elegimos las palabras precisas en el momento preciso para conseguir el efecto preciso:

«Soy inocente», parece clamar ante el juez y el jurado, para que no se cometa una injusticia, aunque en el fondo de su mente, Bundy, sabía que había cometido cabalmente, a sangre fría y sin piedad los crímenes atroces de los que se le acusaba. «Nunca lo hice», refuerza su sensación de inocencia que envolvía la sofisticada argumentación verbal de Bundy, que siempre se mostró como un hombre muy hábil en materia de comunicación asertiva, tanto en su calidad de abogado, así como de psicólogo.

Tal como vimos en capítulos anteriores, los políticos, líderes religiosos, influenciadores, periodistas y figuras del espectáculo, suelen ser expertos en el uso de patrones lingüísticos:

«La mano de Dios», fue la expresión que usaron los medios para referirse al gol de Maradona ante la selección de Inglaterra en el Mundial de México 1986. Esto se terminaría convirtiendo en un identificador por antonomasia del jugador argentino, hasta su muerte.

«Volveré y seré millones», solía decir Evita Perón en sus discursos al pueblo argentino, cuando se mostraba debilitada por su enfermedad, siempre junto a su esposo, el caudillo Juan Domingo Perón. Esta estrategia verbal, logró posicionar políticamente al presidente para que el pueblo lo apoyara de manera irrestricta en seguir al mando del poder.

«Patria o muerte», era el eslogan de los revolucionarios cubanos como Fidel Castro y El Che Guevara para justificar la radicalidad de su lucha armada.

Las palabras tienen el poder suficiente para moldear la mente de los demás. El uso de fórmulas poéticas como la metáfora, la hipérbole y la sinestesia, hacen que el discurso verbal pueda ser asimilado con sutileza, aunque sea radical y violento.

7- Eliminar pensamientos

Dentro de las técnicas de la PNL, está la de redefinir los pensamientos, lo que es más o menos, eliminarlos de manera definitiva de nuestra mente. Dicho de un modo simple de entender, sería algo parecido a deshacer un anclaje negativo. De la misma manera en que nuestra mente ha creado una idea negativa, que hace que pensemos en términos poco positivos sobre un suceso, persona, lugar o idea, podemos eliminar ese pensamiento de nuestro cerebro.

Dentro del budismo zen, existe una técnica de meditación que pretende hacer *tabula rasa* en la mente, es decir, que esté totalmente en blanco. "Si se piensa en el dolor, el dolor estará allí, y allí permanecerá", suelen decir muchos monjes budistas. El estado mental es esencial para poder proyectar estados psicosomáticos, es decir, que la mente puede generar dolores, síntomas o incluso enfermedades.

Imaginar, por ejemplo, si alguien ha tenido un trauma con perros durante su niñez, que el perro viene corriendo enfurecido, mostrando los dientes y lanzando dentelladas contra el niño que esa persona ver cada vez que se presenta ante ésta un perro, se conviene en una trampa, un laberinto doloroso y traumático.

«Hay un portal que usted cruza. De este sale un perro que corre hacia usted; le muestra sus dientes, furioso, amenaza con morderlo y finalmente, lo ataca»

Esta sucesión de hechos e imágenes, desencadenan la respuesta emocional del miedo, el pánico y la angustia cada vez que se ve un perro: Portal-correr-dientes-furioso-amenaza-morderlo. Es una fórmula que genera el trauma.

La técnica de la PNL para eliminar esos pensamientos negativos, consiste en todo lo contrario.

«Hay un portal que usted cruza. Hay un perro muy amigable. Bate su cola y se acerca para que usted lo acaricie. Allí no hay nada que lo amenace; no hay peligro.»

Proyectar en la mente esta secuencia contraria totalmente a la anterior: Portal-cruzar-perro-amigable-batir-cola-acaricie. Son una fórmula que saca la imagen del ataque y la agresión que terminó causando el trauma.

La mente genera todo lo que conocemos, las ideas, los pensamientos, los deseos, las frustraciones, los temores, las esperanzas. Todo cuando podemos imaginar, lo que somos y cómo vemos y entendemos el mundo, están relacionados con el lenguaje, con los verbos, adjetivos, sustantivos, metáforas, que conforman la visión del mundo que tenemos, que comunicamos a los demás.

CAPÍTULO 5 : ¿TCC QUE ES?

5.1 Los conceptos y principios para comprenderlo todo sobre la TCC

El avance de las técnicas y terapias en materia de psicología han hecho que cada vez se pueden superar con mejores resultados los traumas y lesiones emocionales, así como el resto de las que se derivan por las relaciones con manipuladores, narcisistas, psicópatas y personalidades de la triada oscura. La Terapia Cognitivo Conductual (TCC), ha ayudado a miles de pacientes con trastornos de ansiedad y depresión, a superar las crisis más difíciles por las que han tenido que atravesar luego de traumas psicológicos.

Como su nombre lo indica, la TCC es una terapia radical, que cambia patrones de pensamiento y conducta en casos extremos. Su intención es ayudar, en la medida de lo posible a los pacientes que, por medio de este modelo terapéutico, consigan cambiar modelos de conducta, al tiempo que de pensamiento y verbales, que son los responsables de generar conflictos.

Aunque inicialmente la teoría del psicoanálisis de Freud, fue revolucionaria para entender trastornos, traumas y complejos, el avance del estudio de la psicología humana ha llevado a una evolución en la terapia del comportamiento, con figuras como la del psiquiatra Josep Wolpe, así como el psicólogo Arnold Lazarus, que pueden ser tenidos como pioneros del TCC.

Dentro del modelo de tratamiento de los diversos trastornos mentales dentro de la TCC, se ayuda al paciente a que realice, paulatinamente, un cambio en su núcleo de creencias que integran, a su vez, comportamientos, sentimientos y pensamientos que estructuran tanto su ego en sí mismo, como la relación con los otros y su proyección a futuro (ver diagrama), buscando otras más adaptativas.

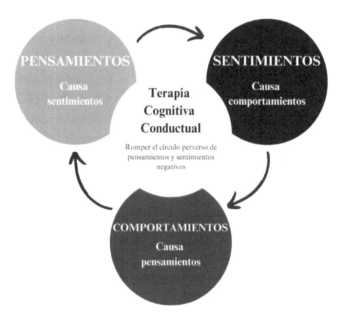

Diagrama Terapia Cognitivo Conductual

Para poder empezar la TCC, tanto el paciente como su entorno más cercano, debe someterse a una evaluación exhaustiva tanto psicosocial como de quienes le rodean, ya que estos serán claves en el proceso de readaptación. Dentro del modelo de la psicoterapia de la TCC, existe un periodo de tratamiento que va de 10 a 20 sesiones, la mayoría de los pacientes experimenta una mejora radical, en la 5 o 6 semana.

A la TCC se han integrado otros conceptos modernos de psicoterapia, como el mindfulness (en español, Atención plena), que a su vez está fundamentado en filosofías milenarias como el estoicismo, donde se enfatiza en dejar de lado pensamientos sobre el pasado y el futuro, para centrarse cabalmente y de manera objetiva en el presente y todas sus posibilidades.

Dentro de la TCC, se expone al paciente a los pensamientos y sentimientos de forma continua por parte del terapeuta, para hacer que existan nuevos refuerzos y de ese modo, readaptar las cogniciones a su entorno. Es una terapia progresiva, que exige tanto del paciente mismo como de su entorno, una gran capacidad de compromiso para poder cambiar su núcleo de creencias.

Algunos de los objetivos principales de la TCC, tienen qué ver con:

1. Reducir el pensamiento disfuncional:

Según el modelo cognitivo de depresión predominante de Beck: A) triada cognitiva: eliminar ideas negativas sobre el futuro, la persona en sí en particular y el mundo en general. B) esquematización negativa: cambiar patrones negativos de pensamiento, estables y duraderos, sobre lo que ha experimentado en el pasado y lo que vivirá en el futuro. C) distorsiones cognitivas: ideas arbitrarias y selectivas sobre magnificación o minimización, dicotomía en el pensamiento. Esto significa que es necesario cambiar el pensamiento negativo rígido, siendo lógico y coherente para liberarse de las ideas negativas y oscuras que tiene.

2. Estimular el autocontrol: según el modelo de concepción de los procesos depresivos, el autocontrol

depende de tres factores a) autoevaluación b) auto refuerzo y c) auto monitoreo. La TCC intenta eliminar los procesos de retroalimentación negativa y reforzar la positiva.

3. Reforzar la capacidad de resolver conflictos: se centra en la capacidad de resolución de los individuos de sucesos que generan altas cantidades de estrés y vulnerabilidad para la visión negativa del individuo. Esto hace que los eviten y, en caso de tener que enfrentarlos, les producirá una gran carga de frustración, rabia y emociones negativas.

4. Reforzar el pensamiento positivo: se pretende potenciar el pensamiento positivo por medio de interacciones sociales agradables con su entorno. En principio, la queja del paciente puede hacer que atraiga círculos sociales, pero con el paso del tiempo, se verá distanciado del mismo, reforzando sus ideas de propio concepto de negatividad.

5.2 La terapia cognitivo conductual, una herramienta muy fuerte frente a la psicología oscura:

La TCC enfatiza en enfrentar los miedos como se nos presentan. Esto tiene gran importancia al momento de superar una relación traumática con las personalidades de la triada oscura, manipuladores, narcisistas y maquiavelistas. Dado que, luego de la relación con una personalidad de la psicología oscura, la mente de la víctima queda vulnerable y frágil ante cualquier otro tipo de asedio, la TCC viene a ayudar en el trauma relacional que se deriva de este tipo de relaciones tóxicas.

La vida emocional se deriva de los procesos cognitivos. Así que las emociones no vienen de los hechos de la cotidianidad, sino que surgen de los hechos que nos suceden. De ese modo, las emociones tóxicas solo se pueden eliminar mediante la vía directa de la TCC que cambiar de patrones de pensamiento y de conducta.

Nuestro cerebro interpreta las situaciones de manera diferente, pero cada persona reacciona diferente. Supongamos que alguien recibe una noticia devastadora como que su pareja ha decidido terminar el matrimonio de años, con dos hijos a cuestas. Tenemos dos sujetos de ejemplo: María y Pedro.

—Para María es el fin de su vida. "Se acabó todo", piensa. Incluso ella llega tener ideas de tipo devastador, como acabar con su propia vida. Ha caído en un pozo de depresión profunda: bebe, no se arregla y no quiere hacer nada.

—Para Pedro, que estaba ya bastante abrumado con la vida que llevaba, llena de deudas, problemas, presiones laborales, a la que se sumaba su mala relación marital, ve en esto una oportunidad de liberarse. Piensa en realizar el viaje de su vida que aplazó durante los años que estuvo casado.

María tiene pensamientos negativos relacionados al divorcio, mientras que Pedro, ve las posibilidades en medio de una situación que para gran parte de personas puede llegar a ser catastrófica.

Para la TCC resulta importante que el paciente consiga superar su etapa de temor y visiones tenebrosas sobre su vida y el futuro, no solamente con tratar de tener cuidado con los pensamientos y que estos sean siempre positivos e ingenuos: de ser así, no sería necesaria la TCC para superar problemas de ansiedad, depresión y estrés postraumático, como en el caso del trauma que se deriva de la relación con un psicópata o miembros de la personalidad de la triada oscura.

Para comprender mejor de qué se trata la TCC en su sentido práctico, veamos sus principales estrategias.

Desintegrar:

En la TCC resulta más simple entender un cúmulo de emociones que resultan aplastando al paciente, como la ansiedad, la angustia o la depresión, si estas se desintegran de la manera que se hace con un gran rompecabezas. De este modo se pueden entender mejor cómo, cada una de esas sensaciones y emociones se terminaron convirtiendo en una bola de nieve.

Tratamiento de estructuración:

Asumir la responsabilidad de lo que debemos hacer para mejorar o salir del estado de postración en que nos ha dejado en manipulador, narcisista o psicópata, es importante. La cantidad y calidad de las dosis de tratamiento que recibimos, harán posible una recuperación más efectiva. De ese modo, su algún pensamiento o sentimiento resulta más poderoso, al analizarlo en detalle, podemos tener una perspectiva distinta de éste para encauzarlo en la dirección que más convenga.

Repetición:

La TCC no se limita solamente al diván o al consultorio con el terapeuta: necesita un trabajo continuado por parte del paciente para reforzar los métodos, reconducir las sensaciones y hacer que se anclen en la mente y se reprogramen los disparadores automáticos a una situación determinada. Hay que aclarar que no existe ninguna terapia milagrosa que no exija que el paciente haga su parte para recuperarse.

Para lograr empezar a reprogramar los anclajes negativos, la TCC plantea ejercicios que cambian la perspectiva negativa por una más esperanzadora:

Ejemplo de quiebre de patrones mentales:

«Luis es un hombre que tiene que asumir las tareas de padre de familia y trabajador autónomo. Las cosas con su esposa y sus hijos no fluyen de la mejor manera. Le recriminan que ha estado ausente, que ya no se preocupa por salir los fines de semana a jugar con ellos; su esposa también le dice que la ha dejado de lado. Por otra parte, su trabajo le exige una gran cantidad de tiempo y concentración, pero cada vez tiene más y más clientes, cosa que le abruma.

»Luis se reúne con su mejor amigo y le cuenta, tomando unas cervezas, su situación. Se muestra abrumado. Su amigo le dice que debe replantear las cosas pero que está haciendo lo correcto. Para que su familia tenga bienestar, Luis está sacrificando muchas cosas, entre estas, el tiempo que ha dejado de compartir con su familia y su esposa. Así que le dice que hable con ellos, organice mejor su tiempo y distribuya el trabajo con sus clientes. De este modo, dividiendo o deconstruyendo el peso de todo el trabajo que tiene, así como de su rol de padre y de esposo, Luis podrá desempeñarse de una mejor manera, sin tener que agobiarse demasiado por los pensamientos de reproche.

»Con un estado anímico más fuerte, Luis ahora puede hacerse cargo de su trabajo y de su familia. Ha dividido el tiempo para compartir, de esta manera puede dedicarse el tiempo a sí mismo y no sumirse totalmente en los dos polos de su vida: su trabajo o su familia. Todo consiste en un equilibrio y disciplina.»

5.3 Como desbloquear nuestra mente y nuestro inconsciente con la TCC

La mente humana está constantemente produciendo pensamientos, ideas, conceptos, sentimientos. Estos son meras abstracciones, pero tienen una considerable carga en la vida de las personas. No en vano, existen clínicas de terapia, psiquiatras, psicólogos y asilos para enfermos mentales a lo largo y ancho del mundo entero y a lo largo de la historia de la humanidad se ha tenido que lidiar con las afectaciones mentales. En la mayoría de países industrializados y en vías de desarrollo, un alto porcentaje de las personas, padecen trastornos de ansiedad, depresión, obsesión, celos, ira, etc.

La TCC ayuda a encauzar mejor los patrones de pensamiento y conducta. Enterarse de una situación negativa, como, por ejemplo, la pérdida del empleo, el término de una relación o el rechazo de una propuesta económica, pueden determinar que una persona no se levante de ese golpe que ha recibido, reforzando incluso de forma definitiva, sus patrones mentales negativos que ya tenía.

La TCC identifica estos patrones como Pensamientos Automáticos Negativos. Surgen de forma, precisamente, automática por parte de nuestra mente, haciéndonos pasar un mal rato; la terapia enseña a tener control de estos pensamientos para que no nos hagan daño y usándolos a nuestro favor, como si se tratara de una técnica de artes marciales, donde usamos la fuerza del contendor para vencerlo.

Identificar el pensamiento que causa problemas:

Si los pensamientos fueran como las personas, entonces, cada vez que viéramos llegando a la angustia o la depresión, simplemente nos cambiaríamos de lugar en el autobús o cruzaríamos la acera para no vernos cara a cara con éste.

Aprender a percibir la emoción negativa:

Sabemos que las emociones negativas acuden a nosotros cuando está sucediendo algo malo o inmediatamente después de que ha sucedido. Enseguida entendemos que no nos podemos quitar de encima el malestar o la preocupación y que estará junto a nosotros durante ese día o el resto de la semana. Es como una especie de insecto que se adhiere a las fibras de nuestra ropa y no conseguimos quitarnos de encima y nos aterra. Anclarse en las emociones negativas y reforzarlas, no ayuda. "Esto va a estar mal; no se me ocurre nada para decir durante la presentación", podemos pensar, en lugar de estimular la emoción positiva y desbloquear la mente por medio de un estímulo como leer algo, escuchar música o hacer ejercicio para despejar las ideas.

No dejarse llevar por las ideas negativas:

"De seguro me van a decir que no", piensa alguien que va a llevar a una propuesta a una empresa para trabajar en un proyecto de publicidad para un nuevo producto. Adivinar la venida de la emoción negativa es reforzarla. Hay que dejar que la paciencia y la disciplina hagan el trabajo, pero no pensar en términos metafísicos, ni castigarse ni agobiarse por cosas que no han sucedido. Esos refuerzos negativos hacen que las personas caigan en un foso profundo de desesperanza y oscuridad.

5.4 Como ponen en práctica los terapeutas la TCC con los pacientes

Gran parte de la práctica de la TCC, tiene qué ver con identificar y tomar medidas para dar la vuelta a las emociones que desencadenan emociones y conductas negativas. Así que es recomendable llevar una bitácora donde se lleve el registro de los pensamientos para poder neutralizarlos.

Cuando se realiza en la terapia la revisión de rendimiento, como se llama en TCC el análisis de las sensaciones, el paciente puede hallarse ante el siguiente ciclo:

SUCESO → **PENSAMIENTO** → **EMOCIÓN**

REVISIÓN CRÍTICA   **«COMETÍ UNA ESTUPIDEZ»**   **RABIA**

131

La revisión crítica, es decir, el análisis del suceso, inicialmente, no debería desencadenar en una respuesta emocional negativa con una emoción como la rabia.

Al ver en este ejemplo cómo el suceso de la revisión crítica desencadena en la emoción de la rabia, hay un pensamiento que se interpone entre los dos, suceso y emoción: «cometí una estupidez». Este es el dispositivo que desencadena la emoción negativa.

Para facilitar esta tarea, con este modelo, puede hacer un registro de pensamientos cada vez que se encuentre frente a uno negativo. Debe practicarlo regularmente para poder empezar a gestionar sus emociones. De esta manera, puede estar teniendo bajo monitoreo sus pensamientos, para evitar crear hábitos de negatividad

El proceso de identificación de los pensamientos que nos asaltan durante el proceso, es algo que se debe hacer repetitivamente hasta dominarlo para hacerlo de manera automática. Los pensamientos son, a veces, suficientemente poderosos y cada uno de esos componentes, a lo largo del proceso, pueden llegar a tener una influencia sobre los otros: así, todos los pensamientos y conductas, afectarán al resto del proceso, ya que son un todo.

Un pensamiento negativo, es parecido, a lo que sucede cuando arrojamos una piedra grande en un lago que está en calma: el oleaje llegará hasta todas las orillas del lago, perturbando su tranquilidad. Así, suponiendo que cada pensamiento negativo es una ola, esta puede chocar y sumarse a otra, amplificándose, haciendo que sus efectos tengan una especie de reverberación en nuestra mente y desencadenando un verdadero tsunami de negatividad.

Encontrando Evidencias para Los Pensamientos

La TCC es esencialmente práctica, esto significa que en la medida en que perfeccionemos el proceso, será mucho más fácil mantener vigilados sus pensamientos para evitar que una emoción negativa haga su aparición. Use esta forma para completarlo de acuerdo a lo que está indicado allí.

Evidencia de mi pensamiento Evidencia en contra de ese pensamiento

Ej: me siento frustrado	Tengo mucha rabia conmigo mismo

¿Falló en su manera de pensar acerca de esta emoción?

Ej: me dejé llevar por la emoción

¿De qué manera puede ser más objetivo y útil ver dicha sensación?

Ej: siendo más coherente y racional a la hora de asociar ambas sensaciones y pensamientos

5.5 Detectar los pensamientos tóxicos

Constantemente, nuestra mente está siendo bombardeada por diferentes tipos de pensamientos. No resulta sencillo filtrarlos, sacarlos de la fila y elegir solo los buenos. Esto es algo con lo que tenemos que aprender a lidiar. Una de las técnicas psicológicas más efectivas, tiene qué ver con tratar de elegir qué pensamientos queremos tener y cuáles desechar. Así que, dentro de la terapia posterior a un relacionamiento con personalidades de la triada oscura, los terapeutas aconsejan, más que no tener pensamientos de tipo tóxico o negativo, que hagan volver a revivir los momentos que se quieren olvidar con esa persona, es saberlos identificar y actuar de manera asertiva frente a estos.

Existen momentos en los que los pensamientos no son especialmente positivos. Hasta las personas más optimistas tienen momentos de debilidad, abatimiento y agobio. La ansiedad y el miedo, así como otras emociones, no son malas de por sí, están ahí y aparecerán en el momento en que tengamos obstáculos en la vida; lo verdaderamente negativo es quedarse en ese instante en que han aparecido y no querer superarlas.

Hay personas que se vuelven dependientes de las emociones malas. Incluso llegan a preferirlas por encima de las positivas. Esto es lo verdaderamente tóxico; algo que lleva a muchas personas, incluso a acabar con sus propias vidas. La TCC enseña a ser asertivo y convertirse en cooperante del terapeuta: no tan solo a dejar caer sobre sus espaldas la responsabilidad de nuestra rehabilitación psicológica.

Es importante, sobre todo, al momento de reconocer ese pensamiento negativo o tóxico, tomar nota de éste. Saber en qué instante nuestra mente está yendo hacia ese estado; ahí es importante para saber qué debemos hacer. Cambiar la dirección de nuestros pensamientos que van hacia lo tóxico, es clave.

Al caer en esa especie de torbellino que son los pensamientos tóxicos, la mente puede ser demasiado débil como para evadirlos. De esa manera, la víctima no logra deshacerse de ellos, cayendo en estados de depresión, ansiedad, rabia o frustración de manera constante, igual que un ratón en una trampa circular. Todo pensamiento está, generalmente, atado a un sentimiento o sensación. Para poder salir de esa trampa, hay que cambiar ese estado generado por ese sentimiento; esa es la única manera de conseguir soltarse de los pensamientos tóxicos.

La contribución por parte de la víctima de la personalidad de la triada oscura, es esencial a la hora de superar el trauma asociado a los sentimientos y pensamientos tóxicos que deja el manipulador mental. Tampoco es aconsejable el uso de sustancias psicoactivas o de otras drogas que tienen fama de ser menos adictivas y perjudiciales, como pueden ser el alcohol o la marihuana. Algunas víctimas recurren al alcohol al momento de evadir la realidad y alivianar el trauma dejado por la relación fallida con el manipulador, narcisista o psicópata, pero ignoran que esta puede ser un arma de doble filo: esta sustancia es un poderoso depresor del sistema nervioso, por lo que no resulta conveniente buscar refugio en ella.

Para la mente humana es muy simple estar creando constantemente sesgos, estos son patrones verbales o gestuales. Son tan imperceptibles, que muchas veces pasan desapercibidos, hasta que se acumulan de una manera tal, que simplemente estallan de repente. Por eso, resulta sencillo molestarnos con cualquier tipo de comportamiento que nuestro cerebro reconoce como algo negativo, creando de inmediato un patrón.

Cargas negativas a nivel laboral

Jean trabaja en una compañía de atención al cliente. En su rol de profesional de servicio, él recibe cerca de cuatrocientas llamadas todos los días. Esto llega a ser algo abrumador: pensamientos negativos y conflictos están a la orden del día. Esta es una razón por la que sus compañeros han tenido problemas con sus superiores y con los clientes. Jean es un empleado que se destaca por su capacidad de escuchar y su asertividad para tratar de solventar las quejas de los clientes.

Un cliente ha llamado molesto porque ha tenido una falla con su servicio de Internet.

—Me parece el colmo que ustedes no solucionen nada —dice el hombre al teléfono, evidentemente molesto—. Deberían descontarme dinero del próximo cobro.

—Voy a hacer todo lo que esté a mi alcance para ayudarlo —responde Jean.

—Eso me lo están diciendo desde hace casi una semana —replica el cliente, que parece cada vez más ofuscado.

Pasan cerca de cinco minutos. Luego de la espera en la línea telefónica, ante una música repetitiva, finalmente Jean le da una respuesta al cliente. Ha logrado descontarle los días de falla técnica de su próxima factura; además, le dará la mitad del costo que paga de conexión, totalmente gratis.

—¿Qué le parece? —pregunta.

—Bueno, al final no está tan mal —dice el cliente y agradece.

Su jefe, que monitoriza la llamada desde la central, no le dice nada a Jean cuando se topa con él. Simplemente le dice que trate de esforzarse más la próxima vez.

Esto crea un patrón negativo en la mente de Jean, haciendo que se desmotive por seguir haciendo bien su trabajo. ¿Si usted fuera Jean no se sentiría poco estimulado en su trabajo, tanto por parte del cliente como por parte de su jefe?

Las palabras y los gestos negativos tienen una connotación negativa. Si se repiten, se crea un patrón de negatividad, y, por consiguiente, de toxicidad. Esta es una trampa de la que hay que huir, a toda prisa.

5.6 Cambiando patrones de creencias

Las creencias hacen que veamos el mundo de una forma característica; una vez que esto ha pasado, resulta muy difícil deshacer ese molde que hemos creado respecto a algo o alguien. Una vez que se ha establecido una creencia, sucede algo parecido a una personalización de un dispositivo: nuestros pensamientos están organizados de manera que siempre van a tender a tener una recurrencia alrededor de esa idea. Hay una tendencia en la mente para sesgar o ver algo desde un punto de vista. Es muy difícil cambiar esa idea, pero no es algo que resulte imposible con ayuda de un terapeuta.

Cuando alguien tiene una idea, por ejemplo, como Jean en su trabajo, donde no sentía ningún tipo de retroalimentación, ni por parte de los clientes, ni mucho menos por parte de su jefe, sus pensamientos tienden a ser negativos o tóxicos respecto a su trabajo. Esto crea un bucle de sensaciones que lo hacen sentirse incómodo. En caso de que no salga de esa tendencia a asociar que todo lo que hace, no será reconocido, podrá caer en un círculo que lo lleve a una depresión intensa.

Las personalidades de la triada oscura, saben muy bien esto y esa es precisamente la razón por la que hacen lo que hacen. Saben que minan tu autoestima cuando no reconocen que estás haciendo bien las cosas. Al poner en tu mente la semilla de la inseguridad, estás abriéndole la puerta a la depresión y toda la carga de negatividad que traen consigo los pensamientos de tipo tóxico.

Es algo similar a poner siempre en negro el tema de tu escritorio en el computador. Puede que te guste y te sientas cómodo, pero no es lo mejor para ti. Debes pensar en configurarlo de otra manera, con tonos un poco más vivos y coloridos.

Así son los pensamientos. Si Jean sigue torturándose porque su jefe o sus clientes no le reconocen como buen trabajador, estará condicionado a que necesita esa retroalimentación para sentirse bien con su trabajo. Necesitará ser validado. Estas personas, que siempre necesitan recibir de las otras, adulaciones, son las que más rápido caen en problemas de ansiedad y depresión.

El cerebro humano está adaptado a las situaciones que le resultan previsibles en el pasado. De este modo, podemos establecer relaciones con personas o situaciones nuevas. Cuando algo no sucede de la manera que lo esperamos, siempre hay una especie de demonio que nos habla al oído para culparnos.

Si esto sucede, lo que hay que hacer es no prestar atención. No flagelarse cuando las cosas no salgan como esperamos, y, sobre todo, hacer oídos sordos a las críticas negativas gratuitas, es decir, esas que sabemos que están cargadas de toxicidad, o que siempre vienen de la misma persona que quiere hacernos daño.

CAPÍTULO 6 : INTELIGENCIA EMOCIONAL

6.1 Que es la inteligencia emocional

El término inteligencia emocional es uno de los más mencionados en el ámbito de la investigación dentro de la psicología moderna. El término IE (Inteligencia Emocional) podría definirse de manera escueta, como la habilidad para poder hacer una buena gestión emocional, reduciendo los factores que generan estrés, conflictos con otras personas y evitar discordias. La mayor parte de los conflictos que experimentamos en nuestras vidas, tienen qué ver con las emociones. La intolerancia, la falta de autogestión de las emociones, deriva en enfrentamientos, discusiones y peleas en todos los ámbitos de la vida.

Aunque la mayoría de tipos de inteligencia, como pueden ser aprender a tocar un instrumento y leer partitura, algunas veces son innatas y vienen en el paquete genético de cada persona, en el caso de la IE, hay que aprender estas habilidades para poder conseguir gestionar las emociones de la mejor manera.

A pesar de que el desarrollo y evolución de nuestros cerebros, es lo que nos han llevado a estar en una posición de preponderancia respecto al resto de las especies, para muchos expertos como los sociólogos y biólogos, las emociones tienen un papel de gran importancia para el avance de la civilización humana. Al fin y al cabo, somos animales gregarios, como los delfines, chimpancés, los lobos y otras especies.

La razón podría compararse con el cochero que está bien ataviado con una fusta, tomando al caballo por las riendas, sin embargo, el que mueve todo el coche, incluso al mismo cochero, son las emociones representadas por el caballo. Lo que determina todo tipo de relacionamiento con miembros de nuestra propia especie humana, pese a que nos jactamos de ser menos animales que los primates por tener el uso de la razón, son las emociones y cómo las gestionamos.

Aunque vivimos en un mundo cada vez con mayores facilidades para comunicarnos, realizar tareas, construir grandes rascacielos, transbordadores espaciales que nos llevan a la estratosfera y robots que cruzan el espacio para ir a otros planetas a tomar muestras, investigar y volver a salvo, en el fondo seguimos siendo tan emocionales como los ancestros que se enfrentaban a mamuts y tigres dientes de sable.

Los psicópatas, manipuladores, narcisistas y maquiavelistas, se comportan como se dijo al principio del libro, del mismo modo que los grandes predadores, suprimiendo al máximo las emociones o jugando con ellas para conseguir el mejor partido de sus víctimas. La inteligencia emocional, pretende hacer frente a estos predadores emocionales que están dentro de nuestras sociedades, a través de las habilidades de la razón para manejar las emociones e impulsos más profundos de nuestros cerebros de reptil.

6.2 Como usar la inteligencia emocional para contrarrestar la psicología oscura

La mayor parte de los traumas y problemas emocionales de la adultez, tienen su origen en la niñez. Esto puede deberse a una pésima gestión de la IE durante esta etapa crucial del desarrollo de la personalidad y el carácter de las personas. Por fortuna hoy en día, existen diversidad de formas de intentar superar los traumas por medio de terapias. Sin embargo, los traumas que se dan en la adultez, muchas veces resultan insuperables para una buena parte de las personas. Enfrentarse a los poderes negativos y tóxicos de las personas que integran la triada oscura, es algo que desgasta la resistencia emocional de cualquiera.

Ver que los esfuerzos que se realizan no son suficientes y que lo único que se recibe a cambio es maltrato, manipulación, mentiras, engaño, explotación, etc., lleva las víctimas de las personas de la triada oscura, aun valle de dolor, depresión y angustia, del que, infortunadamente, no todas las víctimas pueden salir adelante.

Las estadísticas en materia de felicidad marital, hoy resultan más pesimistas, si las comparamos con la década de los cincuentas o setentas del siglo XX. El auge del individualismo ha llevado a poner en el refrigerador los sentimientos, el compromiso y la fidelidad, en lugar de la estabilidad afectiva y de la construcción de un proyecto conjunto. Sin embargo, no solamente en el ámbito sentimental del matrimonio o las relaciones afectivas, se presenta la falta de empatía por parte de una personalidad de la triada oscura.

Es común escuchar casos de abuso laboral en nuestros días. La competitividad, la creciente falta de oportunidades de trabajo y otros fenómenos económicos y sociales, hacen que las personas que están en situación de ejercer su poder sobre los subalternos, aprovechándose de éste para sacar su faceta de la triada oscura.

Jefes que abusan de sus subalternos, compañeros que intentan sacar de en medio a sus compañeros para quedarse con el puesto de éstos, mentiras, estrategias de gaslithing, humillaciones públicas, discriminación, etc. Este es un panorama que resulta cada vez más común en la mayoría de grandes y pequeñas compañías.

Conocer los fundamentos de la Inteligencia Emocional permite tener estrategias para contrarrestar los planes del manipulador; también ofrece una gran ventaja a la víctima para poder defenderse y salir lo menos lesionada emocional posible, de un encuentro devastador con un manipulador, narcisista, psicópata o maquiavelista. Aprender a identificar a estas personalidades de la triada oscura, es esencial para que la víctima evitar tener que verse envuelta en este tipo de relación traumática que se deriva del trato con estas personas.

Aprender a gestionar la crítica:

En ocasiones la crítica puede ser positiva o negativa. Dependiendo cuál sea su enfoque, puede llegar a ser devastadora para quien la recibe. No todas las personas asumen la crítica de la misma manera. Esto suele suceder cuando en medio de una interacción con una personalidad oscura, esta saca a relucir todas sus armas.

«Emily era una ejecutiva de cuenta en una compañía de desarrollo de videojuegos. Frank, su jefe, el vicepresidente ejecutivo, solía ser muy mordaz y no tener ningún tipo de reparo en decir lo que pensaba. Durante una reunión de presentación de proyecto por parte de Emily, mientras ella intentaba presentar que su desarrollo de producto tenía un futuro promisorio dentro del feroz mercado, Frank la interrumpió:

—Me parece que eso que usted está presentándonos, aun no es un proyecto final —dijo Frank con desdén—; esto parece más un borrador de un borrador si sacamos esto al mercado, la competencia nos va destrozar y se va a relamer con nosotros.

»Emily montó en cólera y terminó su presentación sintiéndose humillada por completo. Se encerró a llorar en el baño de su oficina. Cuando salió, tenía los ojos rojos e hinchados. Sus emociones estuvieron al borde durante al menos una semana. Se deprimió, empezó a romper su dieta y comió varios litros de helado durante los siguientes fines de semana.

»Dos semanas después, Frank mandó a llamar a Emily a su oficina. A su lado estaba el CEO de una de las compañías más importantes del mundo.

—¿Me necesitabas para algo, Frank? —respondió con altivez Emily— Quedó claro en la presentación de mi proyecto que no tengo nada qué hacer aquí. Aprovecho que está aquí nuestro CEO para poner mi carta de renuncia

Steven, el CEO de la compañía, le señaló a Emily el asiento que estaba frente al escritorio. La invitó a que los acompañara en la proyección. Emily se giró en su silla para ver el monitor. Se sorprendió al ver su proyecto, el mismo que Frank había dejado, según ella en ridículo.

—Emily, eres una de las mejores diseñadoras que tenemos y no pensamos dejarte ir —le dijo Frank—. Quería disculparme contigo ante Steven, quizá porque no supe expresarme de la mejor manera, no soy bueno con la crítica. Soy demasiado perfeccionista y te pido disculpas.

El proyecto de Emily fue puesto en consideración y vuelto a exponerse, hasta corregir los errores. Cuando fue lanzado al mercado, fue uno de los juegos más exitosos del año. Emily ahora, luego de este éxito, es la ejecutiva de desarrollo en la multinacional de videojuegos.»

Entender cuándo una crítica es solamente eso y no es un mecanismo de destrucción de la autoestima, es una de las habilidades que permite tener la IE. Las personas empáticas suelen reconocer cuando se equivocan o fallan; por el contrario, la personalidad de la triada oscura, no se lamenta por haber dicho o hecho algo: simplemente no le interesa si causó daño. Permanecer con la defensa en alto, sin responder los ataques que pretenden minar nuestra autoestima, es una forma efectiva de defenderse usando la inteligencia emocional.

Evadir los argumentos o falacias

Una de las principales armas de las personalidades oscuras durante un debate o discusión, es el ataque o la falacia ad hominem. Esta consiste, en retórica, principalmente en atacar no el argumento o la idea sino a la persona que lo dice:

«Durante una reunión del consejo de redacción de un periódico importante, acerca de por qué un titular era más conveniente para llamar la atención, Andrew, uno de los redactores sugirió hacer una alusión a la caída del gobierno de izquierda.

—No podía esperarse nada de ti —replicó Jason, otro redactor—, si usas ese bigotito parecido al de tu ídolo de derecha fascista.»

Este es un ejemplo de un comentario o crítica ad hominem que pretende destruir nuestra autoestima, sin otro fin que mostrar sus dientes. No tiene nada qué ver titular una noticia para hacerla más llamativa con la apariencia o la supuesta ideología política de derecha que tenía Andrew.

Las personalidades de la triada oscura suelen ser despiadados, humillar y exponer a quien consideran que es inferior. Así que sea siempre frontal cuando haga un halago o reciba una crítica. Es también importante que esto sea en privado y no en público. Intentar encerrar a quien intenta exponerlo en público, diciéndole las cosas en privado, es una estrategia que nunca falla, pues sabemos que las personalidades de estos individuos son muy frágiles; casi todos estos personajes, son incapaces de asumir sus errores o dar la cara en público para sostener lo que dijeron. Así que, aprovechando este talón de Aquiles, usted puede sacar ventaja para pagarle con la misma moneda y demostrar que no le tiene miedo.

Sea tolerante

Hoy en día resulta más complicado sostener una postura delante de un colectivo, pues existen cada vez más personalidades de la triada oscura que se esconden detrás de políticas de tipo progresista y democrática. Si alguien intenta acosarle porque usted no se muestra a favor de lo que piensa la mayoría o tal o cual partido político o movimiento, muestre tolerancia y no se deje provocar.

6.3 Las10 técnicas para tener una mejor inteligencia emocional

1. Sea positivo:

La mentalidad positiva siempre resulta ser el arma más detestada por quienes quieren verlo en una situación de depresión o ánimo bajo. Mantener siempre la actitud optimista, aunque parezca que todo se viene abajo. Según investigaciones científicas, las personas que se muestras optimistas, tienen mucho menor incidencia de sufrir infartos coronarios o problemas similares. Una buena actitud ante la vida, mejora el sistema inmunológico y hace que seamos más resistente a microbios y virus. Cuando una personalidad de la triada oscura le diga algo negativo, usted simplemente puede ignorarle o decirle "que tengas un excelente día".

2. Rodearse de un círculo de amigos:

Los amigos son esa especie de familia que elegimos. Los amigos nos hacen olvidar los peores momentos. Sentimos su apoyo siempre cuando más lo necesitamos. Además, son una terapia que nos ayuda a mantener nuestro optimismo. Nunca hay que dejar de contar con un amigo para decirles nuestros temores, pedir consejo o ayuda. Las personalidades de la triada oscura, siempre evitan que tomemos distancia de los amigos para tener el control total sobre nuestras emociones.

3. Tener tolerancia a la frustración:

Una de las cosas más complejas de manejar en nuestros tiempos es la tolerancia a la frustración. En la sociedad actual, que exige más y mejores actitudes para poder superar la competitividad laboral y académica, aceptar que hemos sido derrotados o que nuestros deseos no se cumplen, puede ser algo frustrante, tanto, que precipita a muchas personas a caer en posos de depresión: sobre todo adolescentes y jóvenes que empiezan a enfrentarse a la vida. Es importante tener presente que todos tendremos en un momento dado la oportunidad de dar a conocer nuestras habilidades y a ser reconocidos por éstas. La paciencia y la disciplina son muy importantes para contrarrestar la creciente falta de tolerancia a ver nuestros deseos frustrados.

4. Tomar conciencia de sí mismo:

Para poder empezar a tener control de las emociones y las ideas, es necesario conocerse mejor a sí mismo. Escuchar el cuerpo y la mente, ayudará a poder manejar las emociones que pueden desencadenarse por sucesos cotidianos. Tener control de los afectos, de la emotividad, la emoción y la alegría, pero, sobre todo, de las emociones negativas, escuchando lo que estamos sintiendo en ese momento, es una de las claves para tener mejor inteligencia emocional.

5. Darle importancia a los demás:

Las grandes ciudades nos han convertido en personas cada vez más encerradas en sí mismas. No nos damos tiempo para conocer a los vecinos, ni a los compañeros de trabajo con los que compartimos gran parte de las horas del día. Abrazar es un gesto que hoy prácticamente está olvidado. Reconocer en el otro una parte de nosotros mismos, es esencial para poder empezar a tener más empatía, y, en consecuencia, inteligencia emocional. Tomarnos cinco minutos de nuestro tiempo para conversar y escuchar a los otros, es parte de la terapia emocional integral.

6. Reflexionar antes de hacer:

La impulsividad es una de las trampas en las que caemos. Dejarnos llevar por lo que sentimos en ese momento, sin detenernos a pensar antes. ¿Qué voy a hacer? ¿Por qué lo estoy haciendo? Respirar en medio de una discusión acalorada; tomarse el tiempo antes de decir la palabra que puede hacer que suba el nivel de una confrontación, puede ser la gran diferencia entre un intercambio de palabras y un incidente de mayores dimensiones. Así que pensar, escuchar las emociones, hace que nos sintamos mejor con nosotros mismos y no nos tengamos que reprochar lo que hicimos.

7. Motivarnos y hacerlo con los demás:

La automotivación es una herramienta que resulta muy útil. Para seguir adelante, no solo necesitamos que los demás nos reconozcan, sino que nosotros mismos debemos hacerlo primero. Esta es la clave. La autoconfianza y la automotivación, hacen que confiemos en lo que hacemos, sin tener que buscar que nadie nos valide. Tal como esperamos que reconozcan los esfuerzos que hacemos cada día, también es preciso hacerlo con los demás: «Lo has hecho bien», es lo que debemos decir y queremos escuchar.

8. Resolver conflictos dialogando:

La resolución de conflictos pasa primero por la mente, pero la mayor parte de las personas optan por buscar una salida, que, aunque parece más fácil, resulta ser la más compleja. La mente debe ser el filtro de todas las acciones; pensar por un momento en las consecuencias que puede traer la violencia, puede persuadirnos a cometer locuras. El diálogo siempre será la mejor forma de controvertir, buscar salidas y soluciones a un problema, por complejo que este pueda parecer.

9. Señalar lo negativo de manera asertiva:

Al hacer una valoración o crítica, la tentación de señalar solo lo malo y obviar lo bueno, es lo que genera que se enrarezcan las relaciones humanas. Indicar las fallas que pueda tener alguien, no es demeritarla ni despreciarla, sino el asunto con objetividad. Decir las cosas sin ofender a quien criticamos de manera gratuita, esto es, por el concepto que tenemos de esa persona o por sus ideas, es ser asertivos y respetuosos.

10. Identificar las emociones:

Cuando identificamos las emociones podemos gestionarlas de manera mucho más fácil, que si simplemente las obviamos y nos negamos a reconocer que están ahí. Al desarrollar la habilidad de confrontar las emociones positivas, pero sobre todo las negativas, aprendemos a autogestionar nuestras respuestas, convirtiéndonos en personas mucho más equilibradas. Realizar una tabla con observaciones sobre cómo nos sentimos respecto a determinado hecho o suceso, nos permite evaluar el porqué de esa respuesta emocional. ¿Por qué reacciono así? ¿Qué puedo hacer para contrarrestar esa respuesta? Saber gestionar la rabia, la ira, la frustración, los celos, etc., junto con el apoyo del terapeuta, pueden contribuir a que podamos mejorar nuestra inteligencia emocional.

6.4 La inteligencia emocional para readaptar la mente luego del trauma

Una vez que se ha logrado deshacer de la tóxica personalidad del abusador y manipulador, la mente de la víctima queda lacerada. Este impacto emocional produce una serie de cambios en la forma de percibir el mundo. Ya nada es lo mismo, piensa la víctima, quien considera que ha perdido algo en su espíritu. No en vano muchos expertos se refieren a este abuso emocional como un paralelo a la violación física. La tarea del abusador emocional, del depredador psicológico, es esa precisamente: obtener de su presa los recursos emocionales, psíquicos y energéticos de la persona que eligió de entre una baraja.

La infancia es una de las etapas del ser humano, que mayor influencia tienen a lo largo de la vida. Cuando un menor es maltratado, no solo física, sino psicológicamente, su cerebro cambia. Las neuronas espejo, es un mecanismo mediante el cual nos sentimos identificados como mamíferos con sistema nervioso de gran complejidad, ante la empatía, el rechazo, la agresión, el afecto y todo espectro emocional que cargamos desde que venimos al mundo.

Tras una serie de agresiones repetitivas, se ha visto cómo el cerebro del niño se vuelve menos empático: es decir, que ya no siente rechazo instintivo ante las agresiones, gritos, golpes, etc., sino que se muestra identificado con ese tipo de comportamiento como forma de comunicarse con su entorno. Muchos psicópatas, sociópatas, narcisistas, maquiavelistas y otras personalidades de la triada oscura, han originado su comportamiento a partir de estas experiencias traumáticas durante su infancia.

La tarea de la inteligencia emocional y otros recursos de la terapia psicológica, es readaptar la mente tras estos dolorosos episodios que causan tanto daño. Quienes han sido víctimas o testigos de hechos atroces como masacres, asesinatos o cualquier otro tipo de actos violentos, quedan con su mente marcada a fuego por toda esa espiral de sangre y muerte que presenciaron; en sus mentes se repite el eco constante de aquellos hechos, como si estuvieran reviviéndolos a cada instante, sobre todo, cuando vuelven al lugar donde sucedieron.

De la misma manera sucede cuando alguien ha sido víctima de las acciones de un manipulador. Estas personas reviven esos hechos con objetos que les recuerdan a su manipulador y abusador; cuando van a los lugares donde estuvieron con ellos; al comer la misma comida que probaron junto a estas personalidades depredadoras, etc. A veces estos traumas no solamente los asaltan durante la vigilia, sino también durante el sueño: las pesadillas con los victimarios suelen ser repetitivas y con un patrón que se convierte en cíclico y tortuoso.

El conocido como Trastorno de Estrés Postraumático (TDEP), hace que la víctima reviva en su mente, ante cualquier disparador, como un sonido, una imagen, un lugar, etc., su experiencia vivida, como si fuera un sello grabado sobre la piel a fuego. Literalmente, hay cicatrices que están en la mente. El proceso de readaptación tras el trauma no es nada fácil, pero con colaboración por parte del paciente y un trabajo intenso, es posible aliviar los síntomas que acarrea.

La readaptación por medio de la inteligencia emocional, tras estos traumas en las relaciones con personalidades de la triada oscura, empiezan por la superación de lo que los expertos en psicología llaman miedo condicionado. Consiste, básicamente, en que la mente de la víctima siempre está buscando una asociación con el trauma que ha experimentado, lo que se puede manifestar en cualquier detonante que no tenga directa relación con el hecho. Esto hace que la víctima no pueda volver a disfrutar de la vida como antes lo hacía; su visión del mundo se vuelve oscura y pesimista: ha caído en un pozo de angustia y depresión del que le resulta cada vez más difícil salir.

Aunque algunas veces, es muy poderoso el daño emocional para los circuitos cerebrales, si se readapta el cerebro por medio de una serie de experiencias ideales para poder reparar esas conexiones del córtex, dañadas por el trauma, es posible rehabilitar al paciente. El pánico está grabado en la amígdala, por lo que el tratamiento debe hacerse al nivel de la región cortical.

En pacientes infantiles, la herramienta más poderosa para poder revertir gradualmente los daños producidos por el TDEP, es a través del juego; en adultos, como son las personas que han presenciado asesinatos, guerras y otro tipo de hechos de esas características, el cerebro tiene un mecanismo de bloqueo emocional ante los patrones que recuerdan el trauma.

Una de las formas de terapia más poderosas, concuerdan los expertos, es por medio de la creación artística. La escritura es una forma de terapia que hace que la amígdala pueda limpiar o readaptar esos recuerdos traumáticos, rehaciéndolos por medio de relatos, escritos, diarios y otros ejercicios literarios; también la pintura o la música tienen efectos terapéuticos, que debe definir el experto, dado que cada caso es particular y único, por tanto, no puede existir una receta que funcionará para todos los pacientes.

El arte trata con las emociones, por tanto, a través de este mecanismo, el paciente revive los recuerdos, consiguiendo darles un nuevo giro con una reinterpretación desde la estética. La rehabilitación emocional tiene qué ver con volver a ganar confianza y seguridad en las relaciones con los demás; conseguir la tranquilidad necesaria para evitar los episodios de ansiedad, es algo esencial. La víctima debe reaprender ciertas habilidades de inteligencia emocional, leyendo los síntomas derivados de su trauma por TDEP como parte de un largo proceso de duelo que tiene qué hacer.

Sobreponerse poco a poco a la impotencia y la culpa que le produjeron los hechos que lo llevaron al trauma, es un paso importante en términos terapéuticos. Uno de los efectos que tiene el TDEP es que hace que la amígdala sea mucho más sensible; este es el centro neurálgico de los miedos que tenemos anidados en lo más profundo de nuestro cerebro.

La terapia psicológica con actividad creativa, lúdica, readaptación emocional, debe, algunas veces complementarse con dosis de fármacos dependiendo del paciente.

Conservar la calma, evitar cosas que desencadenen la ansiedad o la angustia, tales como meditación, yoga o técnicas de relajación, pueden ayudar, lentamente, a reintegrarse a los núcleos sociales para volver a tener confianza en los otros.

El proceso de la narración del trauma y la vuelva a los detalles, hace que la amígdala cerebral, pueda volver a readaptarse a las emociones de manera sana y racional. El proceso de reconstrucción de todos los detalles dolorosos, resultan cruciales para que el paciente consiga pasar al otro lado de su valle de dolores. En todo caso, tendrá que estar acompañado de un terapeuta experto que conozca muy bien su caso. Llevar un diario pormenorizado de sus sensaciones y hechos relacionados con los actos que generaron el trauma, resultan claves para la rehabilitación emocional de la víctima.

6.5 El aprendizaje emocional como rehabilitación

Cuando la amígdala cerebral revive los episodios que han producido el trauma, las mismas sensaciones que afectaron nuestro cerebro hacen su aparición. Esto genera un gran sufrimiento a las víctimas, cayendo una y otra vez en estados de afectación emocional con gritos, llantos, sufrimiento, sentimientos de culpa, depresión y ansiedad. Sin embargo, el córtex cerebral, que es la parte más evolucionada de nuestro cerebro, está ahí para poner en orden las cosas. Hace su papel para liderar racionalmente los sentimientos y dicha área, es la principal responsable de gestionar las emociones de forma coherente y consecuente; dicho de otra manera: el córtex cerebral es el que gestiona el equilibrio tanto de emociones como ideas, que desencadena la amígdala cuando retornan los episodios traumáticos.

A pesar de que el sistema de emociones con que venimos equipados, nos hace recordar puntualmente algo, para asociarlo de una u otra forma, es decir, tanto positiva como negativa, estas emociones, cuando son negativas no tienen por qué quedarse allí para torturar hasta la muerte a nuestra mente. El reaprendizaje a través de la inteligencia emocional, permite que el neocórtex procese de manera diferente la tendencia de la amígdala a desbordarse emocionalmente y descontrolarlo todo. Aunque las emociones negativas cuando vienen a nosotros no se pueden eliminar, como si pulsáramos un botón en un dispositivo a nuestro antojo, lo que sí resulta posible, una vez que se ha podido avanzar en una reeducación terapéutica de la inteligencia emocional tras un trauma, es tomar el control sobre cuánto permitimos a la amígdala que altere nuestro comportamiento.

Tomar el control de las emociones es posible, del mismo modo que se puede hacer que un animal pueda condicionar sus conductas. Esto ya lo descubrió Pavlov con su famoso experimento de condicionar a los perros a salivar cuando se encendía un bombillo. Aunque es imposible evitar que un recuerdo, por ejemplo, nos produzca nostalgia o tristeza, lo que podemos hacer es gestionarlo de la mejor manera, usando nuestro córtex cerebral para que dure lo menos posible hasta el punto de que nos afecte de manera grave para postrarnos durante horas o incluso días.

La psicoterapia consiste en enseñarle al córtex a hacer la gestión de las emociones desencadenadas por la amígdala, de manera que sean lo menos dramáticas posibles. Como seres sociales, necesitamos tener contacto con otras personas a lo largo de nuestra vida. La psicoterapia permite, en la medida de lo posible, que el paciente que se enfrenta a aquellos recuerdos que lo afectan y desencadena una respuesta emocional, pueda gestionarlos tomando el control sobre esta marea de sentimientos y emociones que antes lo afectaban.

También le permite controlar lo que quiere su córtex y no lo que su amígdala le dicta que haga: esto es mucho más control sobre los desencadenantes y la reacción ante su respuesta emocional derivada del trauma. Poco a poco, en la medida en que aplique las indicaciones del profesional, empiece a conocer y gestionar mejor sus emociones, el paciente podrá volver a tener relaciones sanas y positivas con otras personas, sin el miedo inicial a que se repitan las circunstancias dolorosas que desencadenaron en los hechos que le traen malos recuerdos.

Cada vez que la idea o pensamiento relacionado con el trauma viene, la amígdala está lista para soltar todo el cóctel de neuroquímicos que desbalancean al cerebro. La terapia enfocada en la inteligencia emocional, hace que el córtex cerebral tenga un sistema de alarma temprana, cuando intuye que vendrá la oleada de emociones negativas. Con la repetición y readaptación de su relato traumático, por medio de las herramientas de la terapia, como la escritura, la animación y reasimilación de lo que le ha sucedido, la víctima de las personalidades de la triada oscura, podrá paulatinamente gestionar las emociones desde el área cortical y no desde la amígdala, haciendo que sus relaciones, a futuro, sean mucho más fructíferas y positivas.

La terapia de rehabilitación desde la inteligencia emocional para víctimas de manipuladores, abusadores y predadores de la triada oscura, debe readaptar el cerebro creando una respuesta más sana, positiva e inteligente respecto a lo que sentimos cuando los demás tienen reacciones negativas o tóxicas hacia nosotros.

UN REGALO PRECIOSO

Querido lector,

Para acompañar la lectura y tu comprensión de los mecanismos del espíritu, he escrito una guía práctica. Un compañero de lectura indispensable para navegar con facilidad por las aguas turbulentas de la psicología oscura.

Este trabajo complementario está pensado como un puente entre la teoría y la práctica, proporcionándole herramientas relevantes para una aplicación inmediata de los conceptos discutidos.

Estoy encantado de ofrecerle esta herramienta como muestra de agradecimiento por su compromiso con el aprendizaje continuo.

Para acceder a su ejemplar:

- Escanee el código QR adjunto con su dispositivo móvil.

- Visite mi sitio web e introduzca publishingactivity.com en la barra de búsqueda para descargar el libro directamente libro. (No tiene que incluir "www", simplemente introduzca "publishingactivity.com" directamente en la barra de búsqueda o, si lo desea, ponga antes "http://").

- Si no funciona, no dude en incluir: "http://" y luego introduzca "publishingactivity.com" lo que hace "http://publishingactivity.com".

Que este libro complementario sea un recurso valioso en su camino hacia el conocimiento.

Es un placer continuar compartiendo con usted esta pasión por la psicología.

Atentamente,

Samuel

CONCLUSIÓN

A través de las páginas de este libro, hemos podido conocer la complejidad y profundidad de las mentes de las personalidades conocidas como la triada oscura. Sabemos que estamos en un mundo cada vez más competitivo, donde las emociones, valores, ideas y, sobre todo, las personas, son utilizadas por otros como parte de un juego sucio donde lo importante es conseguir lo que tienen en mente sin importar nada el otro. En los últimos años, testimonios de víctimas de psicópatas, narcisistas, maquiavelistas y manipuladores que usaron a los otros como meros instrumentos para satisfacerse a sí mismos, de forma egoísta, son pan de cada día.

Cada día, la vida cotidiana nos obliga a socializar más que antes. No vivimos en un mundo aislado: todos los días necesitamos relacionarnos con personas, no solo de nuestro lugar de origen, sino del mundo entero. Esto hace que seamos mucho más susceptibles a ser víctimas de personalidades de la triada oscura, psicópatas, narcisistas y maquiavelistas.

El objetivo principal de este libro es mostrar cómo el fenómeno de la manipulación y la mentalidad de los individuos de la triada oscura, tienen su fin principal en depredar a otras personas para conseguir lo que ellos quieren de sus víctimas. Lograr advertir qué clase de persona es con la que está tratando el lector en su trabajo, universidad, vecindario, círculo de amigos o, incluso —es un patrón que se repite de manera más aterradora— en el propio núcleo de la familia, donde se supone, deberíamos tener total confianza y seguridad, es lo que pretenden las páginas de este libro.

Desde el principio, el lector podrá entender cómo se manifiestan las ideas, pensamientos y sentimientos en el cerebro de una persona que hace parte de la triada oscura. Para la ciencia psicológica y la psiquiatría, la psicopatía, maquiavelismo, narcisismo y el espectro de las personalidades de la psicología oscura, son una anomalía en lo que tiene qué ver con psicología. Aunque la ciencia se enfrentó a casos en el pasado, de personas que obraban con gran crueldad y falta de empatía hacia los demás, solo en la modernidad, donde la tecnología, la medicina y la psicología son los principales pilares de apoyo para la investigación, se ha podido determinar cuáles son los factores que convierten a alguien en parte de la triada oscura de la personalidad.

Detrás de la máscara de bondad, amabilidad, buenas intenciones, empatía y sentimentalismo a flor de piel, se esconden las personalidades más inquietantes, más perturbadoras y ante las que cualquier persona se estremecería de conocer sus pensamientos respecto de otras personas. No solamente en las cárceles y otros centros penales se encuentran los psicópatas más peligrosos: existen también en los ámbitos más corrientes como pueden ser las oficinas, las aulas universitarias, los colegios, los vecindarios, las iglesias, e incluso, los clubes sociales de las clases más cultas y ricas de la sociedad.

Los trastornos de la personalidad de la triada oscura, no se remiten solamente a las clases más marginadas de la sociedad o a los pabellones psiquiátricos: a lo largo de las páginas de este libro hemos visto cómo han existido manipuladores y psicópatas que tuvieron el poder sobre millones de personas o se ganaron la confianza de sus víctimas inocentes y bien intencionadas, llevándolas a perder la vida por su ingenuidad.

El lector podrá conocer cómo piensa el psicópata, qué lo diferencia de las personas empáticas o emocionalmente saludables y de qué manera defenderse de sus acciones destructivas. A lo largo de este libro encontrará un manual práctico para entender cómo y por qué está siendo manipulado, de qué manera tomar cartas en el asunto y qué debe hacer para salir del laberinto en que lo ha dejado la personalidad oscura que lo ha depredado.

Hay que aclarar, en primer lugar, que este libro no pretende ser un manual que reemplace la autoridad y el conocimiento de los expertos en temas de apoyo emocional (psicólogos, psiquiatras y terapeutas), simplemente, quiere ser una guía de conocimiento de estas mentes perturbadoras que acechan en cada rincón de nuestras vidas.

Identificar al manipulador en una relación, puede evitar un gran daño emocional, incluso un trauma del que no sea posible volverse a recuperarse sin buscar la ayuda de un experto en terapia psicológica. Del mismo modo, conocer las intenciones de un posible socio comercial, podría evitar que su compañía o negocio, en el que tanto tiempo y esfuerzo ha invertido, se precipite a una quiebra o usted se vea envuelto en un problema legal grave, si sabe reconocer las advertencias y comportamientos de una de estas macabras personalidades expuestas a lo largo de este libro.

Ojalá que cada una de las páginas de este libro, sea una guía para moverse con cuidado entre las aguas turbulentas donde abundan las personalidades depredadoras de la triada oscura: psicópatas, maquiavelistas, narcisistas y manipuladores que ven a los demás como simples presas en las que pueden saciar sus instintos de egoísmo, crueldad y falta de empatía.

PÁGINA DE RECURSOS

LIBROS CONSULTADOS:

- *León Miller*. Psicología oscura y manipulación. 2020.

- *Romilla Ready, Kate Burton, Xavier Guix (asesor).* PNL para Dummies.. 2008.

- *Daniel Goleman*. La inteligencia emocional, porqué es más importante que el coeficiente intelectual.

- *Javier Luxor*. El pequeño libro de la influencia y la persuasión.

- *Steven Turner*. Psicología Oscura. 2019.

- *Brad Wood*. Manipulación, el santo grial de la psicología oscura.

- Seth Gillihan. Terapia cognitivo conductual fácil. 2018.

- *Robert Hare*. Sin conciencia.

- *Poder sin límites: la nueva ciencia del desarrollo personal*. Anthony-Robbins

- *De sapos a príncipes.* Richard Bandler y John Grinder

- *PNL para dummies* (Romilla Ready, Kate Burton, Xavier Guix)

- El libro negro de la persuasión. Alejandro llantada

- El pequeño libro de la influencia y la persuasión. Javier Luxor

- Emociones destructivas. Daniel Goleman

- Terapia Cognitivo Conductual:10 Estrategias para manejar la depresión, la ansiedad y el estrés. Seth J.Gilihan

- Influencia La Psicologia De Persuasión: La Psicología De La Persuasión. Robert B.Cialdini

ENLACES:

- Richard E. Petty, John T. Cacioppo. THE ELABORATION LIKELIHOOD MODEL OF PERSUASION. Copyright 0 1986 by Academic Press. Inc. Pp 181.https://richardepetty.com/wp content/uploads/2019/01/1986-advances-pettycacioppo.pdf

- Modelo Psicobiológico de Personalidad de Eysenck: una historia proyectada hacia el futuro. Schmidt,V.*,Firpo, L.,Vion,D.,DeCostaOliván,M. E., Casella,L., Cuenya, L,Blum,G.D.,y Pedrón,V. https://revistapsicologia.org/index.php/revista/article/view/63/60

- Test de psicopatía de Hare. Test de Psicopatía de Hare: https://www.psicologia-online.com/test-de-psicopatia-de-robert-hare-3959.html

Made in United States
Troutdale, OR
11/16/2024